Hofmann **Die Botschaft der Edelsteine**

Antje und Helmut G. Hofmann

Die Botschaft der Edelsteine

Meditation und Spiel

IRISIANA

IRISIANA

Eine Buchreihe herausgegeben von
Margit und Rüdiger Dahlke

Die Deutsche Bibliothek – CIP-Einheitsaufnahme
Hofmann, Antje:
Die Botschaft der Edelsteine : Meditation und Spiel / Antje und Helmut G. Hofmann. – 7. Aufl. – München : Hugendubel, 1995
(Irisiana)
ISBN 3-88034-691-7
NE: Hofmann, Helmut G.:

7. Auflage 1995

Umschlaggestaltung: Zembsch' Werkstatt, München
Fotos des Kartensets: Peter Kapfhammer
Produktion: Tillmann Roeder, München
Satz: FOAG, Oberschleißheim
Druck und Bindung: Bosch-Druck, Landshut
Printed in Germany

ISBN 3-88034-691-7

Inhalt

Vorwort

Edelsteine haben seit jeher einen besonderen Platz in der Geschichte des Menschen eingenommen: Als Wert- oder Handelsobjekte, Symbole des Dauerhaften, Attribute der Mächtigen und als schmückende, treue Begleiter. Diese Wertschätzung der Steine hat in unserer Zeit eher noch zugenommen.

Von der früher üblichen Unterteilung in Halbedelsteine und Edelsteine ist man abgekommen und gebraucht nur noch den Ausdruck Edelsteine. Zur etwas genaueren Einteilung bezeichnet man die durchsichtigen Steine als Edelsteine und die undurchsichtigen als Schmucksteine. Als »echte« Steine können natürlich nur naturgewachsende Mineralien gelten.

Oft wird das Reich der Edelsteine für tote Materie gehalten. Es ist jedoch, wie Fachleute, Mineralogen und auch Esoteriker wissen, eine Welt voller Rätsel, Geheimnisse, Schönheit und Wunder. Die Kristalle sind wie Lebewesen, die wachsen und den gleichen Gesetzen gehorchen wie die organische Welt. Ihre Atome sind gittermäßig gelagert und halten sich immer an exakte Aufbausysteme.

Vieles über die Eigenschaften und Kräfte der Edelsteine, das heißt über die Wechselbeziehung zum Betrachter und Träger der Steine, wurde uns von vergangenen Zeiten und Kulturen überliefert. Auch in neuerer Zeit versuchen immer mehr Menschen umzudenken und wieder ein einfühlsameres Bewußtsein zu erlangen, und so werden neue Erfahrungen mit den Steinen gewonnen. Auch wir wurden durch eigene Erlebnisse und Eindrücke zu Freunden der Edelsteine. Das bewog uns, mit Vorträgen und Seminaren über die Wirkungen der Edelsteine an die Öffentlichkeit zu treten. Es gelang uns die Erfindung und Entwicklung der speziell auf jeden Träger abgestimmten Edelsteinkette. Diese persönlichen Ketten wirken harmonisierend und unterstützend. Durch diese Arbeit mit den Steinen und Menschen wurde uns bewußt, wie wenig doch über die Edelsteine im allgemeinen und ihre Wirkungen im besonderen bekannt ist.

So wurden die Edelsteinkarten geschaffen, um Ihnen als Freunde und Berater zur Seite zu stehen.

Teneriffa, Herbst 1988 *Antje und Helmut G. Hofmann*

Die Edelsteinkarten

Zur Auswahl Ihres persönlichen Steines, zur Meditation und als Hilfe zur Problemlösung, zum Erkennen und zum Kennenlernen der Edelsteine.

Viele Menschen gehen bei der Auswahl ihrer Edelsteine nach materiellen Gesichtspunkten vor. Oder sie richten sich nach ihrem Monats- oder Geburtsstein. Dieses Kriterium ist jedoch sehr allgemein, da auch im gleichen Monat geborene Menschen sehr verschieden sein können. Da die Steine jedoch stark auf uns einwirken und uns helfen können, aber in ihrer Wirkung sehr unterschiedlich sind, wäre ein persönliches Auswahlsystem für die Edelsteine zweckvoller. Hier bieten uns die Edelsteinkarten eine wertvolle Hilfe, um einen persönlichen Stein oder einen Edelstein für einen besonderen Anlaß zu finden. Denn durch die Karten lassen wir unser Unterbewußtsein direkt zu uns sprechen.

Bei der Meditation rufen wir uns das Erscheinungsbild des Edelsteins und seine Eigenschaften ins Gedächtnis und lassen beides auf uns wirken.

Zur Problemlösung suchen wir den Weg, wie wir diese Eigenschaften hilfreich einsetzen können und erspüren, warum sie gerade jetzt notwendig sind.

Gleichzeitig sind die Karten eine gute Möglichkeit, die Steine besser kennenzulernen. Im Text sind dazu folgende Eigenschaften angegeben:

- Die Nummer der Edelsteinkarte, zum leichten Auffinden der Textstelle.
- Der Name des Edelsteins.
- Die Haupteigenschaft des Steins, die auch auf der jeweiligen Karte angegeben ist.
- Härtegrad (H): Die Härte des Steins nach der Skala von Friedrich Mohs (deutscher Mineraloge 1773 – 1839), die eine Unterteilung von 1 – 10 aufweist. Dabei ist die Ritzfähigkeit entscheidend. Das Mineral, das ein anderes ritzen kann, ist härter als dieses und weicher als ein anderes, von dem es geritzt wird.

Zehn Mineralien sind dabei als Grundlage der Skala angelegt:

Härte 1: Talk, zwischen den Fingern zerreibbar.
Härte 2: Gips, mit dem Fingernagel leicht ritzbar
Härte 3: Kalkspat, mit einer Kupfermünze leicht ritzbar
Härte 4: Flußspat, mit dem Messer leicht ritzbar
Härte 5: Apatit, mit dem Messer ritzbar
Härte 6: Feldspat, mit dem Messer schwer ritzbar
Härte 7: Quarz, ritzt Fensterglas
Härte 8: Topas, ritzt Quarz leicht
Härte 9: Korund, mit Diamant leicht, mit Topas nicht ritzbar
Härte 10: Diamant, nicht ritzbar

Fensterglas liegt bei Härte 5–6. Die Stufen zwischen den einzelnen Gruppen sind dabei verschieden. Der Unterschied vom Korund zum Diamant ist um ein Vielfaches größer als die Stufen 1–9 zusammen. Die Härte ist von der Elastizität zu unterscheiden. So ist zum Beispiel der härteste Stein, der Diamant, nicht sehr zäh, sondern eher spröde und er wäre bei entsprechendem Druck (z.B. mit einem Hammer) zerbrechlich.

– Die chemische Formel (C) und

– die chemische Zusammensetzung (Z), denn sie bestimmt die Eigenschaften eines Steines mit und ist ein wichtiges Unterscheidungsmerkmal. Die meisten Edelsteine bestehen zum größten Teil aus Siliziumdioxid bzw. Kieselsäure (SiO_2), sowie auch der Mensch zu einem guten Teil aus dem gleichen Material besteht. Sicher ist das mit ein Grund für seine Resonanzfähigkeit zu den Steinen.

– Die Farbe des Edelsteins, ebenfalls eine wichtige Eigenschaft in Hinsicht auf Aussehen und Wirksamkeit. Die Unterstützung der Farben wird schon lange in der Farbtherapie zur Hilfe genommen.

– Die Durchsichtigkeit. Sie geht von durchsichtig (transparent) über durchscheinend bis undurchsichtig (opak).

– Die Hauptfundorte (F).

– Die Eigenschaften und Wirkungen für den körperlichen (physischen) und

– für den seelisch-geistigen Bereich. Hier wird auch ausführlicher auf die Anwendungsmöglichkeit eingegangen. Diese Angaben sollen als Orientierungshilfen dienen, damit dann leichter eigene Erfahrungen gemacht werden können.

Anleitung zur Benutzung der Edelsteinkarten für den persönlichen Gebrauch:

– Breiten Sie die gemischten Karten mit der Rückseite nach oben fächerförmig vor sich aus.

– Sie schließen die Augen, setzen sich bequem hin, atmen tief und ruhig und entspannen sich.

– Auswahl Ihres persönlichen Steins:
Bedenken Sie Ihre Situation und Ihre Umwelt. Bitten Sie um einen persönlichen Stein. Wenn Sie sich bereit fühlen, öffnen Sie die Augen und ziehen die Karte, von der Sie sich angezogen fühlen. Schauen Sie Ihre Karte und Ihren Edelstein an und setzen Sie sich mit seinen Eigenschaften auseinander und denken Sie darüber nach, wie Sie diese in Ihr Leben integrieren können. Als Unterstützung lesen Sie den Begleittext, den Sie unter der Kartennummer nachschlagen.

– Immer wenn Sie diese Qualitäten brauchen, rufen Sie sich den Edelstein ins Gedächtnis, oder schaffen Sie sich den Stein an und tragen Sie ihn bei sich. Wählen Sie auch dabei nach Ihrem Gefühl aus.

– Sie suchen einen Stein für eine bestimmte Aufgabe oder ein Problem:
Gehen Sie genau wie unter Position 1 – 4 vor. Nur überdenken Sie vor dem Ziehen der Karte das Problem oder die Aufgabe. Für verschiedene Anliegen können Sie auch neue Edelsteinkarten auswählen. Die Steine bzw. die Symbolik und Schwingung, die sie darstellen, wird Ihnen bei der Lösung Ihrer Aufgaben helfen.

– Sie können auch die Edelsteinkarte für Ihre Familie, für eine Gruppe oder für Ihre Wohnung auswählen.

Vorschläge zur Verwendung der Edelsteinkarten als Spiel

Das Edelsteinspiel für Gruppen

– Die Karten reihum verteilen.

– Der links vom Spielleiter sitzende Spieler fängt an.

– Er entspannt sich und denkt sich einen Stein des Spiels aus, den er nicht in seinen Karten in der Hand hat und von dem er glaubt, daß er ihn für seine persönliche Situation brauchen kann.

– Er fragt einen aus der Runde, ob er diese Edelsteinkarte hat.

– Falls dies nicht der Fall ist, verneint der Gefragte und denkt sich selbst einen Stein aus und fragt ebenfalls einen Mitspieler nach der entsprechenden Karte.

– Wenn der Gefragte die Karte hat, versuchen die anderen Spieler zu erforschen, wie die Eigenschaften des gewählten Steins auf die Person des Fragers zutreffen bzw. ihm fehlen. Dieser überlegt, wie er diese Eigenschaften in sein Leben integrieren kann.

– Das Spiel wird neu begonnen und der Frager vom letzten Spiel scheidet als Fragesteller aus, bleibt aber mit seinen Karten im Spiel.

Spiel zum Kennenlernen der Edelsteine (für Gruppen ab drei Personen):

– Die Karten werden reihum verteilt.

– Der Spieler links vom Geber (oder der Spielleiter) fängt an, indem er aus dem Buch einige Eigenschaften eines Edelsteins vorliest, den er selbst nicht als Karte hat.

– Wer diesen Stein erkennt oder errät und die Karte dazu hat, darf sie offen ablegen und kommt dann als Vorleser an die Reihe. Abgelegte Edelsteinkarten dürfen nicht wiederholt werden.

– Falls der Stein nicht erraten wird (eine Antwort pro Person), darf der Vorleser eine seiner Karten ablegen und die Eigenschaften eines neuen Steines vortragen.

– Wer zuerst alle Karten (oder bei wenigen Spielern fünf Karten) abgelegt hat, ist Gewinner.

Das Chakraspiel

Chakras sind die Energiezentren des Körpers, durch die wir Energien aufnehmen oder abgeben können. Für das Spiel teilt man jeweils vier Steine einem Energiezentrum, verbunden mit einem Symbol, zu. Dabei sollte man berücksichtigen, daß manche Steine natürlich mehreren Chakras zugeordnet werden könnten und daß für dieses Spiel *eine* Eigenschaft des Steins dem entsprechenden Energiezentrum zugeordnet wurde. Indem man den entsprechenden Stein auf ein Energiezentrum auflegt und sich entspannt, kann man die Wirkung direkt erfahren. Man zieht dazu eine oder mehrere Karten und legt die entsprechenden Steine auf das jeweilige Chakra (das durch das Kartensymbol gegeben ist). Oder man sortiert die Karten nach den Symbolen in 13 Stöße à 4 Karten und legt sie verdeckt hin. Man zieht eine Karte aus jedem Stoß. Die entsprechenden Steine legt man dann auf das zugehörige Chakra auf und läßt sie 15 bis 30 Minuten wirken.

Edelstein-Tarot

Tarot ist eine uralte Form des Orakels. Die Symbolik der Tarotfiguren wird im Edelstein-Tarot durch die entsprechenden Edelsteine ausgedrückt.

Das Edelstein-Tarot kann man mit echten Edelsteinen oder mit den Karten aus diesem Buch spielen.

Es wurden für das Tarot 22 Steine für die 22 Symbole der Großen Arkana ausgewählt. Will man mit echten Steinen arbeiten, sucht man die 22 Steine in möglichst gleicher Größe aus und reinigt sie unter fließendem Wasser. Dann macht man sich mit jedem einzelnen Stein und seiner Bedeutung vertraut. Man sollte diese Steine danach nur noch zum Tarot verwenden, sie ab und zu reinigen und ins Licht des Mondes legen.

Arbeitet man mit den Edelsteinkarten, sucht man sich die entsprechenden 22 Karten aus dem Kartenset aus und verwendet sie wie Tarotkarten. Die Bedeutung der Steine entnimmt man folgender Kurzbeschreibung und der ausführlichen Beschreibung der Steine in diesem Buch.

Kurzbeschreibung der 22 Steine der Großen Arkana:

0 **Der Narr – Olivin** (30) Heiterkeit, Spontanität, Ego, Erlebnisbereitschaft, Chaos, Naivität.

1 **Der Magier – Bergkristall** (6) Kraft, Kontrolle; Klugheit, Gleichgewicht, Selbsterkenntnis, Vertrauen, Ideen, Macht, Tatendrang, Meisterschaft.

2 **Die Hohepriesterin – Aventurin** (4) Geduld, Liebe, Güte, Barmherzigkeit, Intuition, spirituelle Weisheit, Träumerei.

3 **Die Herrscherin – Türkis** (50) Weiblichkeit, Kreativität, Fülle, Wachstum, Fruchtbarkeit, Erfolg, Geborgenheit, Liebe.

4 **Der Herrscher – Roter Jaspis** (Silex) (21) Männlichkeit, Kraft, Vater, Beherrschung des Denkens, Verantwortung, Ordnung, Klarheit.

5 **Der Hohepriester – Diamant** (12) Offenbarung, Erleuchtung, Autorität, Rat, Ehre, Vertrauen, Intoleranz, Erkenntnis.

6 **Die Liebenden – Rubin** (39) Liebe, Sexualität, Freundschaft, Polarität, Bindungswille, Verantwortungsbereitschaft, Loslassen.

7 **Der Wagen – Sugilit** (47) Selbstkontrolle, Sieg, Harmonie, Erfolg, Ausgleich von Gegensätzen.

8 **Die Gerechtigkeit – Granat** (16) Fremdautorität, Gerechtigkeit, Stabilität, Urteil, Willenskraft, Ausgleich.

9 **Der Eremit – Lapislazuli** (25) Weisheit, Selbsterkenntnis, Inspiration, Annehmen der Gegebenheiten, Pflichterfüllung.

10 **Das Rad des Schicksals – Rauchquarz** (35) Umwandlung, Veränderung, Schicksal, Neuanfang, Herausforderung, Resignation.

11 **Die Kraft – Onyx** (31) Kraft, Mut, Stärke, Selbstkontrolle, Vertrauen, Widerstandskraft, Stolz.

12 **Der Gehängte – Aquamarin** (3) Erlösung, Frieden, Reife, Innenschau, Prüfung, Initiation, Selbstaufgabe.

13 **Der Tod – Amethyst** (2) Umwandlung, Beginn, Ende, Loslassen, Erlösung, Abschied, Verlust, Einweihung.

14 **Mäßigkeit – Rosenquarz** (38) Vertrauen, Gleichgewicht, Ausgewogenheit, Geduld, Harmonie, Erfüllung.

15 **Der Teufel – Schneeflockenobsidian** (42) Kontrolle durch andere, Verletzung, Schattenseiten, Materialismus, Abhängigkeit.

16 Der Turm – Karneol (22) Zerstörung des Erstarrten, Befreiung, Aktivität, Verhärtung, Erkenntnis, Trennung, Unfall, Belebung.
17 Der Stern – Smaragd (45) Hoffnung, Weisheit, Fülle, kosmische Energien, Reisen, Zukunft, Entwicklungsmöglichkeiten.
18 Der Mond – Mondstein (28) Träume, Wechsel, Gefühl, Nacht, Schlaf, Beruhigung, Sehnsucht, Chaos, Phantasie.
19 Die Sonne – Rutilquarz (40) Lebensfreude, Tag, Sommer, Vitalität, Leben, Wärme, Harmonie, Reinheit, Helligkeit.
20 Das Gericht – Jade (20) Erneuerung, Entwicklung, Wachstum, Leben, Lernen, Wiederbelebung, Erreichen eines Ziels.
21 Die Welt – Kunzit (24) Erfolg, Bewegung, Lebensmeisterung, Selbstentwicklung, Entscheidungskraft, Überblick, Erkenntnis.

Methoden der Tarotbefragung:

1. Mit einem Stein:
Man konzentriert sich auf die Frage, die man stellen möchte und zieht aus dem Beutel mit den Steinen bzw. von den Steinkarten einen Stein und sieht ihn an. Man ruft sich die Bedeutung des Steins ins Bewußtsein. Hat man noch nicht die entsprechende Klarheit erreicht, so kann man zur besseren Deutung noch einen zweiten Stein ziehen.

2. Mit drei Steinen:
Man geht vor wie bei 1. Jedoch zieht man 3 Steine. Der erste vertritt die Vergangenheit, der zweite die Gegenwart und der dritte die Zukunft der gestellten Frage. Aus dem Gesamtbild der drei Steine ergibt sich die Antwort.

3. Zur Traumdeutung – mehrere Steine:
Man stimmt sich auf den Traum ein und zieht für jede Traumfigur oder Traumsituation einen Stein (Karte), den man dann deutet.

Zuteilung der Steine zu den Chakras und die zugehörigen Symbole:

[V]	= **Scheitelchakra**	Amethyst Fluorit Lapislazuli Selenit
[△]	= **3. Auge**	Azurit Saphir Sodalith Zirkon
⊞	= **Stirnbeinhöcker und Augen**	Aquamarin Jade Malachit Rhodochrosit
[T]	= **Nacken- und Schulterbereich**	Chrysokoll Hämatit Smaragd Zitrin
[←]	= **Halschakra**	Chalzedon Opal Pyrit Türkis
[~]	= **Schilddrüse und Lymphen**	Mondstein Perle Rutilquarz Sugilit
[I]	= **Herzchakra (grüne Steine)**	Aventurin Chrysopras Dioptas grüner Turmalin

= **Herzchakra (rosa Steine)**	Kunzit Rhodonit rosa Koralle Rosenquarz
= **Solarplexus**	Bernstein Olivin Tigerauge Topas
= **Milzchakra**	Chrysoberyll Feueropal Heliotrop Karneol
= **Basischakra**	Achat Granat Jaspis Rubin
= **Füße**	Magnetit Onyx Schneeflockenobsidian schwarzer Turmalin
= **Hände**	Bergkristall Diamant Moosachat Rauchquarz

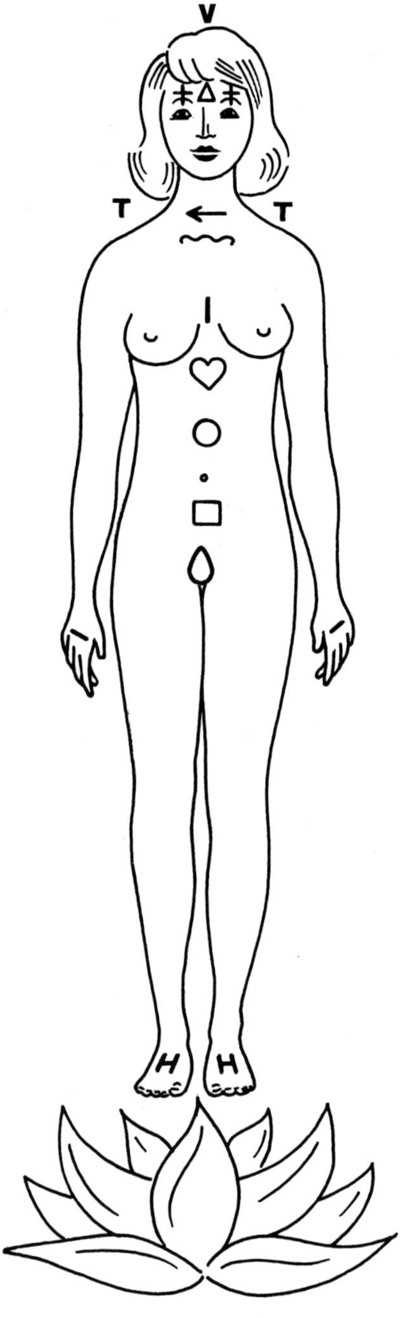

Auf der Zeichnung sind die den Energiezentren zugeordneten Symbole zu sehen.

Die Eigenschaften der verschiedenen Steine

H = Härtegrad (vgl. S. 9) **C** = Chemische Formel **Z** = Chemische Zusammensetzung (vgl. S. 10) **F** = Hauptfundorte **E** = Eigenschaft des Steins

1. Achat Graue und erdfarbene Töne, oft mit farbigen Streifen und manchmal mit kristallinen Einschlüssen.

H: 6,5
C: SiO_2
Z: Kieselsäure
F: Brasilien, Uruguay, Madagaskar, Indien

E: Schutz

Physisch: Der Name dieses Steines stammt vom Fluß Achates in Sizilien, wo er schon zur Römerzeit abgebaut wurde. Der Achat ist oft gebändert und hat verschiedenfarbige Streifen. Diese unterschiedlich gefärbten Lagen wurden schon von den Griechen und Römern genutzt, um daraus Gemmen und Kameen zu schnitzen. Der Achat entstand dadurch, daß sich Gesteinsblasen mit Kieselsäure füllten. Diese Gebilde nennt man Achatmandeln. Manchmal sind sie innen hohl und mit Bergkristall- oder Amethystspitzen ausgekleidet, dann nennt man sie Drusen oder Geoden. Da der Achat auch gut Farbe annimmt, wird er in verschiedenen Farben getönt. Das Färben und anschließend notwendige Brennen ist eine Kunst, die von den Achatschleiferfamilien als Geheimnis gehütet wurde und wird.

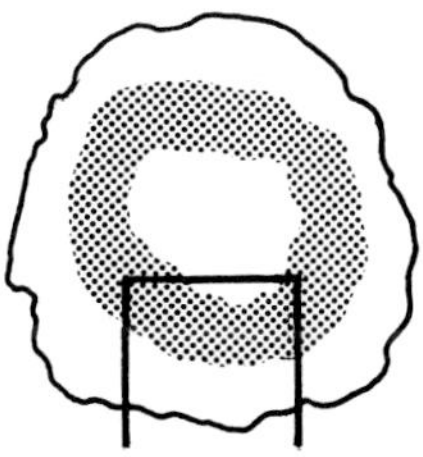

Gemme (zweifarbig)

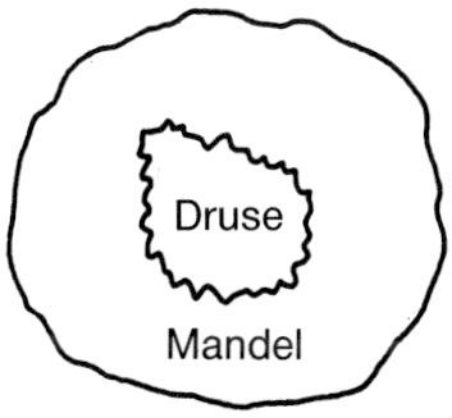

Der Achat ist ein guter Schutzstein, der die Selbstheilungskräfte und das 'Zellbewußtsein' fördert. Er lindert fieberhafte Zustände, Magenbeschwerden und Augenleiden und stärkt die Fortpflanzungsorgane. Ein Schutzstein auch für werdende Mütter.

Er kann direkt auf schmerzende Bereiche oder auch auf den Solarplexus gelegt werden.

Bei Epilepsie oder bei Trunksucht sollte ein Achatanhänger direkt auf der Haut getragen werden.

Seelisch-geistig: Er lehrt uns Feinfühligkeit im Umgang mit unseren Mitmenschen und Klugheit im Gespräch bei der Wahl unserer Worte. Auch hilft er uns bei der Wahrheitssuche und läßt uns so auch unangenehme Umstände akzeptieren.

2. Amethyst Durchsichtige violette Kristalle, von hellrot bis veilchenblau.

H: 7
C: SiO_2
Z: Kieselsäure
F: Brasilien, Uruguay, Madagaskar, Ural

E: Umwandlung

Physisch: Gegen Schlaflosigkeit, Neuralgien, Hysterie, Migräne, Angstzustände. Bei unruhiger Haut gibt man einen kleinen Trommelstein (einfach glatt geschliffen, Formen verschieden) in eine heilende Creme, zur Verstärkung der Wirkung. Amethystwasser (Stein über Nacht in klares Wasser legen, dann herausnehmen) schluckweise getrunken, stärkt die Bauchspeicheldrüse und bewahrt vor Trunksucht (Amethyst griech. = dem Rausch widerstehen).

Die violette Farbe des Amethyst wirkt reinigend auf unsere Blutgefäße. Er hält alle niedrigen Schwingungen zurück, die das Blut ungünstig beeinflussen. Man legt ihn direkt auf die Problemzone auf oder im Herzbereich.

Als Schmuck sollte er möglichst nahe dem Herzen getragen werden, z.B. an einer längeren Kette oder als Brosche. Wenn wir den Amethyst benutzen, sei es als Stein, als Schmuck oder als Geschenk für andere Personen, sollten wir dies mit lauteren Absichten und reinen Gedanken tun.

Im Bischofsring ist ein Amethyst enthalten, der Vergeistigung und Reinheit manifestieren soll.

Seelisch-geistig: Verleiht spirituelles und schöpferisches Denken, beruhigt unsere Gedanken (guter Meditationsstein), fördert die Demut, Menschenliebe und Freundschaften. Er bringt Licht in unklare Probleme und hilft uns so bei der Umwandlung von der geistigen in die spirituelle Ebene.

Der Amethyst wirkt besänftigend auf verhärtete Gemüter und unterstützt andererseits auch den Sanftmütigen mit seiner harmonischen Schwingung.

Er verbessert die Qualität unserer Träume und schenkt uns ruhigen, tiefen Schlaf.

3. Aquamarin Transparente hellgrüne bis blaßblaue Tönung.

H: 7,5 – 8
C: $Be_3 Al_2 [Si_6O_{18}]$
Z: Beryllium-Tonerdesilikat
F: Brasilien, Ural, Madagaskar, Südwestafrika

E: Frieden

Physisch: Die angenehmen Farben dieses Steines wirken sich wohltuend auf unsere Augen aus und fördern die Sehkraft.

Der echte Aquamarin ist dem blauen Edeltopas sehr ähnlich, denn die Farben variieren zwischen gleichmäßigem Hellblau bis zu Meerwassergrün. Durch Erhitzen wird oft der häufiger vorkommende grünliche Aquamarin rein blau gefärbt. Außerdem wird er aus Glas nachgeahmt oder synthetisch hergestellt.

Dieser herrliche Stein entfaltet seinen Glanz in den Abendstunden, während er am Tage eher bescheiden wirkt. Bei nervösen Zahnschmerzen kann man einen kleineren Trommelstein zur Linderung in den Mund nehmen.

Auffallend beruhigend wirkt er bei Hautallergien, Hals- und Rachenbeschwerden. Man legt den Stein im Halsbereich auf, oder man trägt ihn als Schmuckstein an einer kurzen Kette.

Bei Magenbeschwerden und Leberdruck wirkt er entkrampfend und ausgleichend, wenn er im Bereich des Sonnengeflechtes einen Platz findet, man kann ihn z.B. mit einem selbstklebenden Verband befestigen.

In liegender Position läßt er sich besonders wirksam einsetzen, wenn man gleichzeitig beide Hände auf die betroffene Stelle legt und so die eigene Heilenergie mit einbezieht.

Seelisch-geistig: Er schenkt uns häusliches Glück und Frieden, Liebe zu unserer unmittelbaren Umgebung und ein treues und liebevolles Herz. Er ist ein Stein der reinen, mitfühlenden Seele, besonders, wenn er in Tropfenform geschliffen ist. Er fördert auch unser Verständnis und unsere Toleranz und heitert uns auf.

Intuitiv wird dieser Stein gerne in kritischen Phasen des Lebens getragen, denn er unterstützt die Sehnsucht des Menschen nach einer heilen Welt.

Mit seiner milden, blauen Farbe entwickelt der Aquamarin in uns ein sanftes Wesen, das einerseits nachgiebig auf unsere Umwelt wirkt, aber doch Charakterstärke besitzt.

4. Aventurin Grün, halbdurchscheinend.

H: 7
C: SiO_2
Z: Kieselsäure
F: Ural, Sibirien, Vorderindien

E: Ruhe, Geduld

Physisch: Der Aventurin ist ein ansprechender, wohltuender Stein. Als Schmuckstein in Silber gefaßt ist er sehr beliebt. Seine faserigen, metallisch-flimmernden Einschlüsse bewirken zusammen mit dem Grün eine Linderung der Herzprobleme, die durch Überanstrengung oder veranlagte Schwäche hervorgerufen worden sind. Nässende Hautausschläge nervöser Art erfahren durch ihn Besserung. Bei Gefühlsbelastungen sollte er auf den Solarplexus gelegt werden.

Seelisch-geistig: Die sanfte Farbe des Aventurins und seine gleichmäßigen Einschlüsse bewirken innere und äußere Gelassenheit. Ruhe durchflutet unser Gemüt und Heiterkeit und Geduld können Einkehr halten. Man kommt ins Gleichgewicht.

5. Azurit Dunkelblau, durchsichtig bis opak, auch mit Grün durchwachsen.

H: 3,5 – 4
C: $Cu_3[OH/CO_3]_2$
Z: Kupferkarbonat
F: Ural, Zentralafrika

E: Erkenntnis

Physisch: Manchmal tritt der Azurit zusammen mit Malachit auf, was ihm eine wunderschöne blau-grün marmorierte Farbe gibt. Der Azurit löst körperliche Blockaden und Stauungen. Er ist ein starker Heilstein, der auf blockierte und unharmonische Stellen des Körpers gelegt werden kann. Er fördert die Konzentration und löst Angstzustände. Zusammen mit einem orangefarbenen Stein unterstützt er durch seine beruhigende Schwingung die Milzfunktion.

Seelisch-geistig: Ein Stein, der das Physische mit dem Geistigen verbindet und uns in beiden Bereichen vorwärts bringt. Er bringt Erleuchtung in unsere Gedanken und Handlungen und hilft uns so, alte Gedankenmuster loszulassen und ein tieferes Lebensverständnis zu gewinnen. Der Azurit hilft durch seine leichte Schwingung bei den ersten Meditationsversuchen und erleichtert so die Erkenntnis unserer Aufgabe.

6. Bergkristall Transparenter bis undurchsichtiger Kristall.

H: 7
C: SiO_2
Z: Kieselsäure
F: Brasilien, Madagaskar, Arkansas

E: Reinheit

Physisch: Die Kristalle dieses Minerals können eine Länge von etlichen Metern erreichen. Seit jeher wurde der Bergkristall zu Kunstgegenständen und Schmuck verarbeitet.

Kristalle sind oft transparent und klar wie Eis (Kristall = griechisch für Eis).

Bei Schilddrüsenproblemen und Augenleiden sollte man einen vorher in der Sonne erwärmten Kristall auflegen, empfiehlt die Hl. Hildegard von Bingen.

Mit einer Kristallspitze kann man sehr gut die Energiezentren des Körpers reinigen und Blockaden lösen, indem man den Kristall auf das entsprechende Chakra oder die schmerzende Stelle legt. Er sorgt auch für größere Klarheit der Träume, legt man ihn neben die Schlafstelle oder unter das Kopfkissen. Er bietet Hilfe bei Blutungen, Durchfall und Schwindel.

Kristallkugeln in der Hand gehalten, wirken ausgesprochen beruhigend und harmonisierend.

Blickt man in das klare Licht einer Kristallkugel, können sich die Gedanken widerspiegeln und klären und die Hellsichtigkeit wird erleichtert. Darum wurden größere, klare Kugeln oft zum Wahrsagen verwendet.

Der Bergkristall mit seinem klaren Licht, das alle Farben enthält, ist sehr vielseitig einsetzbar für alle Energiezentren.

Seelisch-geistig: Er zeigt durch seine klare, energievolle Schwingung den Weg zu Erkenntnis und Harmonie. Er verhilft uns zu Reinheit und Klarheit der Gedanken und schenkt uns dadurch mehr Kreativität und unterstützt die Meditation.

Eine Kristallgruppe, im Wohnbereich aufgestellt, ist nicht nur ein schöner Blickfang, sondern sorgt auch für Harmonie und Frieden. In einer Runde von Menschen auf den Tisch gestellt, ergibt sie eine schöpferische, ausgeglichene Atmosphäre.

Verwenden wir den Bergkristall oft, wird unsere Intuition gestärkt.

7. Bernstein Gelb bis rötlichbraun, durchsichtig bis opak, versteinertes Baumharz.

H: 2 – 2,5
C: $C_{40}H_{64}O_4$
Z: organisch
F: Ostpreußen, Rumänien, Burma, San Domingo

E: Erfolg

Physisch: Dieser Stein ist pflanzlichen Ursprungs und enthält manchmal Blätter und Insekten. Er ist einer der ältesten Schmuck- und Heilsteine und findet Verwendung bei Halsleiden wie Mandelentzündung, wird aber auch bei Fieber, Ohrenschmerzen, Augenleiden, Asthma, Gallenleiden und Harnsperre eingesetzt. Man legt ihn auf die betroffene oder schmerzende Stelle auf.

Er reinigt den Organismus, nimmt krankmachende, negative Schwingungen auf, die er jedoch auch, wenn man ihn nicht gut reinigt, wieder abstrahlt. Zur Reinigung sollte man den Bernstein, wie auch andere Edelsteine, unter fließendes Wasser halten und anschließend in die Sonne bzw. das Tageslicht legen.

Seelisch-geistig: Er stärkt unser inneres Sehvermögen, verschafft mentales Wohlbefinden und hilft der Seele, Erleuchtung zu erlangen. Er nimmt negative Schwingungen auf und kann dabei trüb und matt werden. Er schenkt Hilfe im materiellen Bereich und bringt Kraft und Weisheit.

8. Chalzedon Weiß bis hellblau, gelblich, rot; durchscheinend bis opak.

H: 6,5 – 7
C: SiO_2
Z: Kieselsäure
F: Brasilien, Südwestafrika, Madagaskar, Uruguay, Sibirien, USA

E: Gelassenheit

Physisch: Der durchscheinende Chalzedon fördert die Milchbildung stillender Mütter.

Als hellblau gefärbter Stein vermittelt er Energie für den Hals- und Kehlkopfbereich, lindert Heiserkeit und fördert eine angenehme Stimmlage. Bei Verletzungen vermag er Blutungen zu stillen. Er zügelt das Temperament und beruhigt auf allen Ebenen.

Seelisch-geistig: Er stärkt unsere Ausdruckskraft und hilft uns, Redehemmungen zu überwinden. Bei Reden, Besprechungen ect. hilft ein Chalzedon, in der Hand gehalten, Mißverständnisse zu vermeiden und besser und freier zu formulieren.

Er schenkt uns Gelassenheit, vermindert Reizbarkeit und Jähzorn, beruhigt das Gemüt und wirkt als Schutz gegen Hypnose.

9. Chrysoberyll Grünlich-gelb, transparent.

H: 8 – 8,5
C: Al_2BeO_4
Z: Berylliumaluminat
F: Brasilien, Ceylon, Indien, Madagaskar

E: Güte

Physisch: Der Chrysoberyll ist artverwandt mit dem Aquamarin und dem Smaragd. Er wirkt entkrampfend auf den Magen- und Darmtrakt und stärkt die Sehkraft. Einst wurden Vergrößerungsgläser und Brillen aus Beryll geschliffen. Er hat entgiftende Eigenschaften und wird in diesem Zusammenhang von Hildegard von Bingen erwähnt. So läßt sich bei Leberschäden oder Bauchschmerzen ein Beryllwasser verwenden. Man legt dazu einen Beryll über Nacht in ein Glas Wasser und trinkt davon schluckweise den nächsten Tag über.

Seelisch-geistig: Er fördert Verträglichkeit, Sanftmut und Güte. Der Chrysoberyll eignet sich vorzüglich als Taschenstein und unterstützt so unsere Entwicklung und stimmt uns friedlich und gleichmütig, er wirkt ausgleichend auf zwischenmenschliche Beziehungen und verleiht uns Nachsicht.

10. Chrysokoll Leuchtendes grün-blau, opak.

H: 2
C: $CuSiO_3nH_2O$
Z: Kupfersilikat
F: Italien, Liparische Inseln

E: Ausgleich

Physisch: Er wirkt beruhigend auf die Nerven, fiebersenkend, löst Verspannungen im Nackenbereich, lindert Halsschmerzen, Verbrennungen und Schilddrüsenkrankheiten. Dazu legt man den Stein auf die betroffene Stelle oder trägt ihn als Anhänger gefaßt. Frauen erleichtert er die Beschwerden nach der Geburt und mindert Menstruationsbeschwerden.

Generell aktiviert der Chrysokoll die Energiezentren des Körpers, auf die er gelegt wird.

Seelisch-geistig: Dieser schöne, ausdrucksstarke Stein bringt uns der Natur näher und wirkt sehr ausgleichend auf das Gemüt bei starken Emotionen, bei Zorn und Jähzorn. Er bringt uns Gefühlen wie Gelassenheit, Frieden, Güte und Toleranz näher. Indem er die Sensibilität fördert, hilft er, die Intuition zu stärken, da wir meistens zu logisch und verstandesmäßig entscheiden. Der Chrysokoll wird daher besonders dem Herzbereich zugeordnet.

11. Chrysopras Apfelgrün, goldgrün; durchscheinend bis undurchsichtig.

H: 7
C: SiO_2+Ni
Z: Kieselsäure
F: USA, Schlesien, Rußland

E: Klarheit

Physisch: Der mit seiner apfelgrünen Farbe beeindruckende Stein wirkt besonders gut im Energiezentrum des Herzens und bringt dem strapazierten Herzen neue Energie. Er wirkt ausgleichend und harmonisierend auf Körper, Geist und Seele.

Seelisch-geistig: Er bringt Klarheit in unbewußte Gedanken und läßt uns nach innen schauen. Er vermag Komplexe zu mindern und uns neue Gedankenmuster zu bringen. Sein heilsames Grün macht uns anpassungsfähig, mindert Ruhelosigkeit und fördert die Geistesgegenwart.

12. Diamant Durchsichtig klar, gelblich, rötlich, bräunlich, bläulich.

H: 10
C: C
Z: Kohlenstoff
F: Süd- und Zentralafrika, Indien, Brasilien, Australien

E: Erleuchtung

Physisch: Der Diamant ist der einzige Edelstein, der nur aus einem Element besteht, dem Kohlenstoff. Diese Einzigartigkeit wirkt sich auch in seiner Schwingung aus, die alle Farben in reinster Form ausdrückt.

Bereits im Altertum galt seine Wirkung als unübertroffen. Er sollte zu Macht und Charakterstärke verhelfen, den besten Schutz gewähren und den Frieden erhalten.

Durch seine reine, klare Schwingung wirkt er sich im körperlichen Bereich günstig auf Blase und Nieren aus und verhindert Steinbildung.

Bei Gleichgewichtsstörungen, Fallsucht und zur Anregung der Thymusdrüse ist der Einsatz des Diamanten angezeigt. Der Diamant als reinster aller Steine besitzt starke Heilkräfte für alle Bereiche des Körpers.

Seelisch-geistig: Mit dem weißen Licht, das alle Farben des Regenbogens enthält, gibt er uns bei der Meditation Klarheit und Erleuchtung und bringt uns der Vollkommenheit näher. Wir erleben mit ihm kosmische Verbundenheit, fühlen Harmonie und Gottesnähe und uns wird klar, wie wichtig jeder Einzelne in seiner Verbindung zum großen Universum ist.

Er ist für die meisten Krankheiten einzusetzen, denn er macht uns deren Ursachen bewußter.

Er ist ein ausgezeichneter Schutz gegen negative Gedanken und Schwingungen.

Wer nach diesem herrlichen, kraftvollen Stein nur aus Besitzgier verlangt, wird erfahren, daß er durch diese Gedanken mit Negativität konfrontiert wird.

13. Dioptas (Kupfersmaragd) Dunkelgrün; durchsichtig bis undurchsichtig.

H: 5
C: $Cu_6[Si_6O_{18}]6H_2O$
Z: wasserhaltiges Kupfersilikat
F: Sowjetunion, Chile, USA

E: Fülle, Reichtum

Physisch: Der herrlich tiefsmaragdgrüne Kristall kräftigt den Herzbereich und hat eine sehr erfrischende, heilende Ausstrahlung.

Seelisch-geistig: Sein intensives Grün, das die schöpferische Kraft der Natur vor Augen führt, bringt uns Kreativität und eine Fülle von neuen Ideen und Eindrücken. Seine Transparenz und sein Formenreichtum unterstützen intuitives Fühlen und Arbeiten und sorgen dadurch für Ausgeglichenheit und glückliches Handeln.

14. Feueropal Durchscheinend orange bis feurig rot.

H: 5 – 6,5
C: SiO_2nH_2O
Z: wasserhaltige Kieselsäure
F: Mexico, Australien, Kleinasien

E: Humor

Physisch: Dieser intensiv leuchtende Stein löst Blockaden sowohl im Körper als auch im seelischen Bereich.

Seine warme Orangefärbung läßt sich gut als Farbtherapie bei Verdauungsstörungen und zur Kräftigung der Nieren einsetzen, ebenso ist er hilfreich bei Unterleibsbeschwerden.

Seelisch-geistig: Er schenkt uns positive Energie und damit Eigenschaften wie Vitalität, Kraft und Ausdauer, aber auch Weisheit und Erleuchtung. Im rechten Augenblick versorgt er uns mit dem entsprechenden Humor für außergewöhnliche Situationen. Er führt uns an unsere Lebensaufgabe heran und wenn er uns bis zu einem gewissen Stand begleitet hat, und seine Energien nicht mehr gebraucht werden, kann er sich uns entziehen, indem er verlegt wird oder verloren geht.

15. Fluorit Violett, blau, gelb, weiß, transparent.

H: 4
C: CaF_2
Z: Calziumdifluorit
F: Südwestafrika, England

E: Verantwortung, Gehorsam

Physisch: Er kann bei Störungen des Gehirns und des Geistes eingesetzt werden. Bei körperlichen Beschwerden legt man ihn auf die betroffene Stelle auf, um hier zunächst die Blockaden aufzuweichen und zu lösen. Anschließend tauscht man den Fluorit gegen den Stein aus, der speziell für die entsprechende Krankheit angebracht ist und der dann wesentlich gründlicher wirken kann. Dieses Mineral, das gerne als Oktaeder, der doppelten Pyramidenform, auftritt, unterstützt geistiges Arbeiten, die Aufmerksamkeit und verantwortungsvolles Denken und Fühlen.

Seelisch-geistig: Er bringt geistige Erkenntnis in die körperliche Ebene. Er lehrt uns, Verantwortung für unsere Gedanken und Taten zu übernehmen und Gehorsam gegenüber den schöpferischen Geboten zu leisten. Er hilft uns so bei unserer geistigen Entwicklung, bringt Ordnung und Ruhe in die Gedanken und unterstützt die Meditation.

16. Granat Mehrere Farben, häufig tiefrot transparent.

H: 7 – 7,5
C: $Mg_3Al_2Si_3O_{12}$ oder $Ca_3Al_2Si_3O_{12}$
Z: Magnesiatonerdesilikat oder Kalk-Aluminium-Silikat
F: Madagaskar, Arizona, Südafrika, Böhmen, Australien, Ostindien

E: Aufbau

Physisch: Der rote Granat wird seit altersher als Schmuckstein verwendet. Man fertigte aus ihm zu allen Zeiten üppige, phantasievolle Dekorationen für die Damenwelt an. Stets wurden etliche Steine verarbeitet und oft auch komplette Schmucksets, wie Ring, Collier, Armband, Brosche, Ohrringe und womöglich Diadem. Das zeugt einerseits von der Erschwinglichkeit, andererseits davon, wie wohl man sich mit diesem Stein fühlte. Er wurde nicht nur in Gold gefaßt, sondern es wurden auch preisgünstigere Metalle verwendet. Aber immer wurde der echte Granat verarbeitet. Man verschenkte ihn im Sinne der echten Liebe.

Das tiefdunkle Rot dieses Steines wirkt aktivierend auf die Fortpflanzungsorgane, reguliert den Kreislauf und hilft bei Anämie. Ebenso kann man den Granat bei Depressionen, bei Rheuma und Arthritis einsetzen, dazu ist es ratsam ihn als Schmeichelstein in der Tasche zu tragen.

Seelisch-geistig: Er schenkt uns Freude und Lebenskraft, wirkt aufbauend, gibt Energie und stärkt unseren Mut. Er zeigt uns, wie wir die Liebe vom körperlichen in den Herzensbereich aufbauen können. Wer zur Leidenschaft neigt, sollte von diesem Stein Abstand nehmen.

17. Grüner Turmalin (Verdelith) Verschiedene transparente Grüntöne.

H: 7 – 7,5
C: $NaMg_3Al_6[(OH)_4/(BO_3)_3/Si_6O_{18}]$
Z: Aluminium-Bor-Silikat (sowie andere chemische Zusammensetzungen)
F: Brasilien, USA, Madagaskar, Südafrika, Tansania, Ural

E: Befreiung

Physisch: Das heilsame Grün dieses Steines in seinen verschiedenen Tönungen reinigt die Nervenbahnen, befreit von Belastung und Ermüdung und schützt vor negativen Schwingungen. Dieser Edelstein löst Stauungen und Blockaden im Herzbereich, hilft bei Erkältungen und Entzündungen und wirkt normalisierend auf den Blutdruck. Je nach der Richtung, in der man durch den Turmalin sieht, scheinen sich seine Farben zu ändern. An dieser Eigentümlichkeit kann man ihn erkennen.

Seelisch-geistig: Er befreit von Stauungen und Blockaden im Denken und erleichtert so den Umgang mit anderen Menschen. Durch das Lösen alter Denkmuster schafft er Raum für Kreativität und neue Ziele. Er bringt seinem Träger Ansehen und Wohlstand.

18. Hämatit Braunrot bis silberschwarz glänzend.

H: 5,5 – 6,5
C: Fe_2O_3
Z: kristallisiertes Eisenoxid
F: Indien, Brasilien, Australien, Schweden

E: Mut

Physisch: Wird dieser schwarz-silbrig glänzende Stein geschliffen, läuft das Schleifwasser in blutroter Farbe weg, denn er trägt diese Farbe in sich. Er gehört zu den wiederentdeckten Steinen der heutigen Zeit. Da er preisgünstig ist, findet er guten Anklang bei jungen Leuten, aber er wird auch gediegen in Gold gefaßt und von allen Altersgruppen getragen. Die Eigenschaften dieses Minerals werden besonders in unseren Tagen gebraucht. Der Hämatit regt die Blutbildung an, was bei unserer zunehmenden Luftverschmutzung und dem oftmaligen Sauerstoffmangel eine große Hilfe darstellt. Während oder nach Krankheiten fördert er den Genesungsprozeß, indem er unseren Körper kräftigt.

Seelisch-geistig: Der Hämatit verbindet uns mit der Erde und dem Hier und Jetzt. Er gibt uns Mut, auch den Mut, sich mit den Problemen unserer Erde auseinanderzusetzen.

19. Heliotrop (Blutjaspis) Dunkelgrün mit roten Einschlüssen, opak.

H: 7
C: SiO_2+Fe
Z: Kieselsäure
F: Australien, Nordafrika, Sibirien, Indien, China, Wyoming

E: Mitgefühl, Demut

Physisch: Dieser dunkelgrüne Stein mit roten, eisenhaltigen Einschlüssen wirkt ausgleichend auf den Eisengehalt unseres Blutes und bringt Wärme und Energie in den Körper. Er reinigt Organe wie die Leber, Nieren und Milz und entgiftet das Blut. Dazu legt man ihn über den entsprechenden Organen oder auf die gestauten Stellen auf. Auch bei Hörbeschwerden, bei Durchblutungsstörungen des Herzens und bei Blasenbeschwerden ist der Blutjaspis hilfreich.

Seelisch-geistig: Er sorgt für emotionelle und geistige Reinigung, lenkt uns zur Demut und weckt so das Mitgefühl für die Umwelt und alle Lebewesen. Er stärkt den Intellekt und schützt vor Alpträumen.

20. Jade (Jadeit) Verschiedene Farben, oft grün.

H: 6,5 – 7
C: NaAl [Si_2O_6]
Z: Natriumtonerdesilikat
F: Hinterindien, Zentralasien, USA

E: Erneuerung

Physisch: Wenn wir von Jade sprechen, meinen wir im allgemeinen die grüne Jade, obwohl sie in verschiedenen Farben vorkommt.

Das wohltuende Grün ist bekannt durch edle fernöstliche Schnitzereien, aber auch herrliche Schmuckstücke asiatischer Kunst lassen unser Herz erfreuen.

Jade wirkt erfrischend, erfreut und stärkt das Herz, dient der nervlichen Entspannung und fördert den heilsamen Schlaf.

Seelisch-geistig: Jade ist ein Stein zum Meditieren, schenkt uns Freude aus tiefster Seele, vermittelt ein friedvolles Gefühl, harmonisiert und erneuert unsere Gedanken. Jade läßt die Dankbarkeit wachsen und weckt Freude an der Natur. So wird unser Gefühlsleben erfrischt und erneuert.

21. Jaspis Rot, braun, gelb, grün, grau, schwarz; halbdurchscheinend bis opak.

H: 7
C: SiO_2
Z: Kieselsäure
F: Indien, Ural, Afrika, USA, Deutschland

E: Willenskraft

Physisch: Dieser Schmuckstein besteht aus einem körnigen Quarzaggregat. Er kann einfarbig, gebändert oder gesprenkelt vorkommen.

Der graue Jaspis wird oft als »Deutscher oder Schweizer Lapis« blau eingefärbt.

Die rötliche Variante wird auch Silex genannt. Er wirkt blutbildend, stärkt Gehör- und Geruchsinn und den Halsbereich. Dazu sollte er am Hals- oder Kopfchakra aufgelegt oder als Anhänger bzw. kurze Kette getragen werden.

Im Bereich der Fortpflanzungsorgane und bei Schwangerschaft ist der Jaspis kräftigend. Er nimmt negative Kräfte auf, schützt uns dadurch vor ihnen und verhütet Alpträume.

Seelisch-geistig: Der Jaspis fördert unsere Erdverbundenheit und schafft Verbindung zwischen Körper und Geist. Er stärkt den Willen, auch den Willen zum Guten und zur Dienstbarkeit.

22. Karneol Durchscheinend orange bis dunkelrot.

H: 7
C: SiO_2
Z: Kieselsäure
F: Brasilien, Indien, Uruguay, Nordafrika, Sibirien, Japan

E: Aktivität

Physisch: Er wirkt blutreinigend, fördert die Verdauung, hilft bei Rheuma, Nervenschmerzen und Verletzungen. Bei Leberproblemen kann man mit dem Karneol die Stelle über der Leber massieren.

Seelisch-geistig: Er erleichtert die Konzentration auf die augenblicklichen Aktivitäten und steigert so Leistungsfähigkeit, Vitalität, Kreativität und Antriebskraft. Als Zwischenfarbe vom Rot des Zorns und dem Gelb der Weisheit hilft uns das Orange dieses Steins, den Zorn zu überwinden. Der Karneol veranlaßt uns, aktiver zu werden, unsere Aufgaben mit Freude und Anteilnahme zu erfüllen. Er treibt unsere Entwicklung voran und weckt schöpferische Potentiale.

23. Rosa Koralle Organisches Meeresprodukt, undurchsichtig.

H: 3 – 4
C: $CaCO_3$
Z: Kalziumkarbonat
F: Mittelmeer, Golf von Biskaya, Malaischer Archipel, Japan

E: Freude

Physisch: Korallen sind die kalkhaltigen Gerippe kleiner Meerestiere, die zu einem Stock zusammengewachsen sind. Diese stark verästelten Gebilde breiten sich zu Riffen und sogar Inseln aus. Die Koralle zeigt uns, daß auch in der festen Form Leben und Bewegung vorhanden ist, und, daß das Gemeinschaftsleben auch den Einzelnen in seiner Entwicklung voran bringt.

Sie hilft bei Blutarmut, Depressionen und Mangelerscheinungen. Im Herzbereich wirkt sie beruhigend und ausgleichend, für diesen Zweck wäre eine Kette aus rosa Korallen gut geeignet.

Seelisch-geistig: Sie bringt Harmonie, Schönheit und Reinheit in unser Herz, lehrt uns, unser Leben mit Freude zu meistern, uns selbst zu erkennen und anzunehmen und die Liebe zu uns selbst zu üben, um sie unseren Mitmenschen widerzuspiegeln.

24. Kunzit Durchsichtig rosa-violett, hellgrün.

H: 6 – 7
C: $LiAlSi_2O_6$
Z: Lithium-Aluminium-Silikat
F: Kalifornien, Brasilien, Madagaskar

E: Geradlinigkeit, Einfachheit

Physisch: Der Kunzit bewirkt einen gleichmäßigen, freien Fluß unseres Blutes, hilft also bei Durchblutungsstörungen. Zur Körperentgiftung führt man eine leichte Massage im Aurabereich über den Armen durch. Man bewegt den Stein dabei in der Aura. Dies entstaut die Beine. Man sollte den Kunzit nicht direkt über der Problemzone einsetzen.

Seelisch-geistig: Er verhilft zu einem gesunden Durchsetzungsvermögen, wir weichen unseren Problemen nicht aus, denn er unterstützt uns dabei, ein Ziel mit Ausdauer und Diplomatie zu verfolgen. Er verleiht Beständigkeit, Geradlinigkeit, dabei die nötige Einfachheit, mit der wir begonnene Aufgaben zu Ende bringen.

Eine sanfte und doch kraftvolle Energie wird uns durch ihn zuteil, die uns in unserer Entwicklung und im Umgang mit den Mitmenschen unterstützt.
Der Kunzit kanalisiert unsere Energien, was uns zur Erkenntnis und zur liebevollen Toleranz führt. Dadurch können wir die Blockaden, die hinter unseren Krankheiten stehen, verstehen und auflösen.

25. Lapislazuli Königsblau, durchzogen mit goldenen Pyriteinschlüssen, undurchsichtig.

H: 5 – 5,5
C: $Na_8[S/(AlSiO_4)_6]$
Z: Natrontonerdesilikat
F: Afghanistan, Chile, Burma, Baikalsee

E: Inspiration, Weisheit

Physisch: Dieser kraftvolle Stein, der in vielen alten Kulturen besonders geschätzt wurde, reinigt den Körperorganismus, löst Stauungen im Kehlbereich, lindert Entzündungen, Nervenschmerzen, Menstruationsbeschwerden, Depressionen und Kopfschmerzen. Er wirkt Bluthochdruck entgegen und öffnet die Energiezentren des Körpers und gleicht sie aus.

Seelisch-geistig: Der Lapislazuli als Stein der Weisheit bringt Klarheit in die Gedanken, beruhigt den Geist und hilft uns, unsere Lebensaufgabe zu erkennen. Er fördert den Idealismus und erleichtert die Arbeit mit anderen Menschen. Als ausgesprochener Meditationsstein führt er uns zu unserem tieferen Selbst und bringt neue Inspirationen, aber auch Glaubensstärke und Güte.

26. Magnetit Ein schwarz glänzendes, undurchsichtiges, magnetisches Mineral.

H: 6
C: Fe_3O_4
Z: Magneteisenerz
F: Schweden, USA, Ural

E: Freiheit

Physisch: Dieser stark magnetische Stein kann bei Nervenschmerzen, Rheuma, Knochenbrüchen, Lungenentzündungen, Leberproblemen und zur Blutreinigung eingesetzt werden. Man sollte die betroffenen Stellen mit dem Stein bestreichen oder mit einem Seidenpflaster aufkleben. Er bringt Energie und Wärme und fördert so die Zellfunktion.

Seelisch-geistig: Der Magnetit lehrt uns durch das Erkennen und Aufgeben der Polaritäten (z. B.: + und -, yin und yang), Freiheit zu erlangen. Er wirkt ausgleichend und verbindend und ist ein guter Schutzstein.

27. Malachit Opakes Grün, durchzogen von Wellenmustern.

H: 3,5 – 4
C: $Cu_4 [(OH)_2/CO_3]$
Z: Kupferkarbonat
F: Ural, Zentralafrika, Arizona, Australien, Chile

E: Verständnis

Physisch: Dieser tiefgrüne Stein mit seinen unterschiedlichen Zeichnungen wurde bereits im Altertum als kraftvoller Heilstein verwendet. Wellenförmige Bilder in vielen Formen, manchmal wie Augen aussehend, faszinieren bei seiner Betrachtung. Der Malachit, der in seiner Farbe an die Pflanzenwelt erinnert, ist ein Stein, der Energie aufnimmt und uns zu dienen vermag, indem er negative Energie aus uns herauszieht.

So wurde er schon vor Jahrtausenden als Schmuck verarbeitet, meistens große Steine in Verbindung mit herrlichen handgeschmiedeten Edelmetallen.

Durch seine reinigende Kraft eignet er sich zum Auflegen auf schmerzende Stellen des Körpers. Er zieht nicht nur krankmachende Energien heraus, sondern es wird uns auch die Ursache bewußt gemacht, die diese negativen Schwingungen auslöste.

Nach einer solchen Anwendung muß der Malachit mit klarem Wasser gereinigt werden, sonst kann er leicht stumpf, matt und unansehnlich werden.

Daß der Malachit entzündungshemmend bei der Wundbehandlung wirkt, wußte schon Plinius († 79 n. Chr.), der empfahl, ihn pulverisiert mit Wachs und Öl vermischt aufzutragen. Die moderne Wissenschaft entdeckte, daß in Malachitgefäßen Krankheitserreger absterben (Kupferspuren, die sich aus dem Stein lösen, vernichten sie).

Seelisch-geistig: Dieser opake Stein löst unterdrückte Emotionen, er wird zum Spiegel unserer Seele, wir entdecken mit ihm unser verborgenes Selbst und unsere Probleme und erhalten auch die Kraft, um an diesen Aufgaben zu arbeiten.

Der Malachit ist ein angenehmer Begleiter bei Meditationen, er fördert unser Verständnis für uns selbst und unsere Mitmenschen. Er erleichtert die Konzentration und unterstützt das spirituelle Wachstum.

28. Mondstein (Adular) Milchig weiß-blau, rosa; durchscheinend bis durchsichtig; irisierend.

H: 6
C: (K, Na)-$AlSi_3O_8$
Z: Kalitonerdesilikat
F: Ceylon

E: Beruhigung, Reinigung

Physisch: Dieser oft milchig weiße Stein erinnert durch sein Licht und seine Farbe an das Strahlen des Mondes. Zuweilen entdeckt man in seinem Inneren einen herrlichen Regenbogen.

Der Mondstein wirkt günstig auf das Drüsen- und Lymphsystem. Bei einer Lymphstauung kann er direkt auf die geschwollene Stelle aufgelegt werden und verschafft Linderung, allerdings verbraucht er sich dabei sehr stark. Bei Schilddrüsenproblemen sollte er als Anhänger in Höhe der Schilddrüse getragen werden.

Seelisch-geistig: Er wirkt sehr beruhigend und ausgleichend und macht uns Gefühle bewußter. Auch macht er uns unsere weibliche, passive, träumerische Seite bewußter, die ja oft zu kurz kommt. Dadurch wird unsere Intuition gefördert.

29. Moosachat Durchscheinend bis undurchsichtig; weiße bis rote Grundfarbe mit grünen, faserigen Einschlüssen.

H: 6,5 – 7
C: SiO_2
Z: Kieselsäure
F: Indien, USA

E: Naturliebe

Physisch: Die faserigen, moosartigen, grünen Einschlüsse (es sind Eisensilikatfäden) dieses harmonischen Steins erinnern an die Formenvielfalt der Natur. Er lehrt uns die Natur schätzen und lieben zu lernen und die Gesetze der Pflanzenwelt besser zu verstehen. Er fördert so die Fähigkeit, mit Pflanzen umzugehen und sie zu hegen. Auf die Augen wirkt er sehr wohltuend.

Als Schmeichelstein wirkt er ausgleichend und beruhigend.

Seelisch-geistig: Der Moosachat steht sowohl für die Stein- als auch für die Pflanzenwelt und er lehrt uns so beide Ebenen besser zu verstehen. Man fühlt sich wieder mehr zur Natur hingezogen, lernt dadurch besser mit natürlichen Materialien umzugehen und Schönheit zu erkennen.

30. Olivin (Chrysolith, Peridot) Zartes gelbliches Grün bis Olivgrün; durchsichtig.

H: 6,5 – 7
C: $(Mg, Fe)_2 [SiO_4]$
Z: Eisenmagnesiumsilikat
F: Australien, Ungarn, Mexiko

E: Frohsinn

Physisch: Der lichtstarke, goldgrüne Stein wirkt besonders im körperlichen Bereich heilend und kräftigend. Er löst nervöse Spannungen und Verhärtungen und spendet Ausgleich und Beruhigung. Er reinigt den Magen- und Darmbereich und hilft bei Verstopfung und Entzündungen.

Seelisch-geistig: Die Leuchtkraft des Olivins bringt mehr Frohsinn in unser Leben, gleicht belastende Gefühlszustände aus und hilft unsere geistigen Fähigkeiten zu entfalten. Seine leichte Schwingung vermittelt Schönheit und Sonnenkraft.

31. Onyx Schwarz od. schwarz-weiß gestreift; undurchsichtig.

H: 7
C: SiO_2
Z: Kieselsäure
F: Brasilien, Madagaskar, Südwestafrika

E: Kraft, Stärke

Physisch: Der naturfarbene, schwarze Onyx, der viel für Siegelringe und Kameen verwendet wurde, stärkt den Knochenbau, das Herz und die Augen und aktiviert die Blutbildung. Er bietet Schutz und Stabilität bei Belastungen und negativen Einflüssen und gleicht Körper und Geist aus. Im Solarplexusbereich aufgelegt, stärkt er die Bauchspeicheldrüse.

Seelisch-geistig: Man verbindet diesen Stein mit Kraft und innerer Stärke. Er hilft dabei, an uns zu arbeiten, unsere Schwachstellen zu entdecken und zu überwinden, vertreibt Melancholie und gibt Widerstandskraft.

32. Opal Weißlich in allen Farben schillernd; durchsichtig bis undurchsichtig.
H: 5 – 6,5
C: $SiO_2 \, n \, H_2O$
Z: wasserhaltige Kieselsäure
F: Australien, Ungarn, Mexiko

E: Wahrheit

Physisch: Der weiße Opal präsentiert sich als milchig-weißer Stein mit irisierenden Einschlüssen in allen Farben des Regenbogens und zählt doch zu den weißen Steinen. Je nachdem wie man ihn ins Licht dreht, reflektiert er die verschiedensten Farben.

Wir wählen Schmucksteine dieser Art meist intuitiv und zwar zu Zeiten, wenn wir seine Unterstützung benötigen. So kann er oft unbenutzt bleiben und dann wieder viel getragen werden. Er ist ein empfindlicher, wasserhaltiger Stein, den man hin und wieder etwas feucht halten sollte, um ihn vor dem Eintrocknen zu bewahren.

Er belebt und vitalisiert.

Seelisch-geistig: Der weiße Opal spiegelt die Wahrheit wieder. Er hält uns unser Innenleben, unsere Gedanken vor Augen. So, wie unsere Einstellung ist, nimmt er Positives oder Negatives auf und gibt die entsprechende Schwingung wieder gebündelt an uns zurück. Er verstärkt unsere Eigenschaften.

33. Perle Weiß, rosa, grau, schwarz, gelblich, grünlich; undurchsichtig, oben durchschimmernd.

H: 2,5 – 3,5
C: $CaCO_3$
Z: Kalziumkarbonat
F: Küste des Indischen Ozeans, Persischer Golf, Küste Australiens, Japan, Zentralamerika

E: Ehrlichkeit

Physisch: Perlen sind ein Geschenk des Meeres. Sie bilden sich in den Perlmuscheln, in denen sich ein Fremdkörper (z. B. ein Sandkorn) einlagert. Die Muschel sondert, durch diesen Reiz angeregt, vermehrt kohlensauren Kalk und Conchyn (eine hornartige Substanz, die klebt) ab und umhüllt den Eindringling Lage um Lage. So entsteht die echte Meeresperle. Bei der Zuchtperle wird dieser Prozeß beschleunigt, indem man einen größeren Kern in die Muschel gibt. Naturperlen sind jedoch wirksamer.

Es gibt auch Flußperlen, die in ihrer Form bizarrer sind und die auch in vielen Farben auftreten. Der Glanz (Lüster genannt) der Meeresperle ist jedoch schöner als bei der Süßwasserperle.

Die Perle hat einen hohen Gehalt an Kalzium und kann so in Fällen von Kalziummangel helfen. Sie wirkt auch reinigend und klärend. Je öfter eine Perlenkette getragen wird, desto schöner wird ihr Glanz. Bei extrem starkem Kalziummangel kann sie jedoch unansehnlich werden.

Seelisch-geistig: Die Perle ist das Symbol der Schönheit, Reinheit, aber auch der Ehrlichkeit. Sie zeigt uns die Tiefen unseres Wesens und wer bereit ist, sich damit auseinanderzusetzen und starre Denkmuster zu durchbrechen, kann daran wachsen und sich weiterentwickeln. Die Perle weist uns den Weg zur Ehrlichkeit gegen uns selbst.

Sie ist ein guter Schutz gegen negative Eindrücke und vermittelt ein Geborgenheitsgefühl.

34. Pyrit (Schwefelkies) Goldfarben glänzend, undurchsichtig.

H: 6 – 6,5
C: FeS_2
Z: Eisenkies
F: Deutschland, Spanien, Westafrika

E: Lösung

Physisch: Der goldgelbe Stein kommt oft in würfelförmigen Kristallen vor. Wegen seiner ähnlichen Farbe wurde er manchmal mit Gold verwechselt, deshalb nannte man ihn auch Katzengold. Ein fast gleiches Mineral ist der Markasit, der nur eine Spur grünlicher ist.

Der Pyrit wird wegen seines Glanzes auch als Schmuckstein verarbeitet. Er hat eine gute, heilende Ausstrahlung.

Besonders die naturgewachsene Pyrit- oder Markasitscheibe (auch Heilscheibe genannt) ist von starker Wirkung. Sie sollte über Problemstellen gehalten oder aufgelegt werden, nachdem man intuitiv die richtige Seite erspürt hat, die zum Körper zeigen soll.

Pyrit wirkt schmerzlösend und heilend. Gut ist er auch bei Entzündungen der Luftwege und gestauten oder blockierten Körperstellen.

Seelisch-geistig: Der Pyrit führt uns an unsere Probleme heran, bis zu dem Punkt, an dem wir erkennen, daß eine Lösung nur durch Umdenken und Auflösen der erstarrten Denkmuster möglich ist. So bringt er uns über Blockaden hinweg und erleichtert die Erkenntnis und Weiterentwicklung.

35. Rauchquarz Transparentes hell-dunkelbraun und schwarz.
H: 7
C: SiO_2
Z: Kieselsäure
F: Brasilien, Madagaskar

E: Herausforderung, Aufgabe

Physisch: Der Rauchquarz ist der stärkste der schwarzen Steine, denn er birgt die höchste Lichtkraft in seiner dunklen Farbe.

Als Schmuck oder persönlicher Stein bringt er Überlebensinstinkte in Bewegung, stärkt unser Erdbewußtsein und bedeutet so Herausforderung und Aufgabe in der Annahme von Verantwortung.

Rauchquarz erfüllt unseren physischen Körper mit Licht und hilft uns, mit dem Leben zurechtzukommen und uns selbst anzunehmen.

Seelisch-geistig: Er gibt zaghaften Menschen die Kraft, ihre Träume im Leben auch anzugehen und zu verwirklichen.

Er löst weitgehend negative Energie auf, um ein positives Verhaltensmuster zu schaffen. Er fordert uns heraus, die Verantwortung für unser Leben anzunehmen.

Echter Rauchquarz ist klar, transparent und weist Abstufungen dunkler Farbnuancen auf.

36. Rhodochrosit (Inka-Rose) Rosa mit weißen Mustern; durchscheinend.

H: 3,5 – 4,5
C: $MnCO_3$
Z: kohlensaures Mangan-Karbonat
F: Ural, Süd- und Nordamerika

E: Offenheit

Physisch: Der Rhodochrosit kommt sowohl kristallin in einer durchsichtigen rosa bis orangeroten Farbe vor, als auch undurchsichtig als zartrosa Stein mit weißen Wellenmustern. Seine Farben erwärmen unser Herz und bringen dadurch zärtliche, liebevolle Gefühle ins Bewußtsein.

Er stärkt das Sehvermögen und »öffnet uns die Augen«.

Seelisch-geistig: Er fördert unsere Kreativität und Intuition. Er stärkt und befreit den Energiefluß von unserem Sonnenzentrum (Solarplexus) zum Herz- und Kopfchakra von emotionellem Druck und führt so zu mehr Vergeistigung, aber auch zu mehr Offenheit.

Als kristalliner Stein ist er gut für die Meditation geeignet, wenn man ihn auf das dritte Auge (zwischen die Augenbrauen) legt.

Er kann Energieblockaden durch Bewußtmachung lösen.

37. Rhodonit Dunkelrosa mit schwarz; opak.

H: 5,5 – 6,5
C: $MnSiO_3$
Z: Mangansilikat
F: Ural, Nordamerika, Australien

E: Selbstverwirklichung

Physisch: Dieser rosarot (griech. »Rhodon« = Rose) gefärbte Stein mit seinen schwarzen Adern wird gerne als Schmuckstein geschliffen.

Er veranlaßt die Lungen mehr Sauerstoff aufzunehmen und schützt die Luftwege.

Man sollte ihn im Herzbereich auflegen oder ihn als Kette tragen.

Seelisch-geistig: Er läßt uns unsere Kräfte erkennen, erleichtert Veränderungsprozesse, die für unsere Entwicklung nötig sind und hilft bei der Selbstverwirklichung. Er wirkt auch beruhigend und ausgleichend auf das Gemüt.

38. Rosenquarz Durchscheinendes Zartrosa.

H: 7
C: SiO_2+Mg
Z: Kieselsäure
F: Brasilien, Madagaskar, Südwestafrika, Ural, USA

E: Vertrauen, Nächstenliebe

Physisch: Der Rosenquarz sollte vor allem für das Energiezentrum des Herzens verwendet werden, da er hier sehr lösend, beruhigend und reinigend wirkt. Dazu kann man entweder einen geschliffenen Trommelstein auflegen, oder ihn als Halskette mit geschliffenen Kugeln verwenden. Manchmal hat der Rosenquarz einen Lichtstern auf seiner Oberfläche.

Seelisch-geistig: Dieser sanfte Stein mit seiner zarten Farbe kann die Wunden, die dem Herzen zugefügt wurden, heilen und uns trösten. Er bringt Menschen, die sich zu sehr verhärtet haben, eine liebevolle Schwingung, die sie wieder Vertrauen fassen und ihre Nächstenliebe erblühen läßt. Gerade in unserer heutigen, materiellen Zeit lenkt uns der Rosenquarz vom Streß ab und erinnert uns daran, nicht unsere liebevollen, verzeihenden und friedlichen Gefühle zu vergessen und aufgestaute Ängste, Sorgen und auch Tränen loszulassen.

Er zeigt, wie man mit Sanftmut und Liebe auf die Umwelt einwirken kann.

39. Rubin Tiefrot undurchsichtig bis transparent.

H: 9
C: Al_2O_3+Cr+Fe
Z: Tonerde
F: Hinterindien, Birma, Siam, Ceylon

E: Liebe

Physisch: Der Rubin gehört zu den Korunden und zählt seit jeher zu den kostbarsten Edelsteinen. Am begehrtesten sind die karminroten mit einem leichten Stich ins Bläuliche.

In der Technik wird der Rubin zur Lichtbündelung bei der Erzeugung von Laserstrahlen verwendet.

Eine Besonderheit ist der Sternrubin mit einem strahlenförmigen Stern auf seiner Oberfläche.

Die Hl. Hildegard empfiehlt ihn bei Viruserkrankungen, Epidemien, Fieber und Gicht um Mitternacht für eine bis zwei Stunden auf den Nabel des Kranken aufzulegen.

Der Rubin aktiviert die Blutzirkulation und belebt den Körper und seine Energiezentren, aber speziell auch die Blutversorgung der Augen, wodurch die Sehkraft der Augen erhalten bleibt.

Seelisch-geistig: Besonders die Liebe, sowohl körperlich als auch geistig, wird vom Rubin in Harmonie gebracht. Wem es an Liebe, ob Eigenliebe oder Liebe zum Nächsten, mangelt, der sollte mit dem Stein über diese Eigenschaften meditieren. Dies bringt ihm Läuterung und Wandlung.

Der Rubin ist auch ein guter Schutz gegen schlechte Einflüsse. Dieser Edelstein erfüllt unser Herz mit Liebe zu uns selbst und zu unseren Mitmenschen.

40. Rutilquarz (Sagenit, Venushaar) Transparenter Kristall mit eingeschlossenen goldenen bis rötlichen Rutilfäden.

H: 6 – 7
C: SiO_2+TiO_2
Z: Kieselsäure mit Titanoxyd
F: Brasilien, Frankreich, Norwegen, USA

E: Harmonie

Physisch: Das Mineral Rutil (TiO_2) ist eine Sauerstoffverbindung des Metalls Titan (Ti).

Wenn nun diese goldfarbenen, braunen, rötlichen oder schwarzen Rutilnadeln in einen Kristall eingelagert sind, nennt man ihn Rutilquarz.

Er löst Blockaden und Schmerz im Körper auf. Dazu sollte man ihn auf die betroffene Stelle auflegen oder als Taschenstein bei sich tragen.

Als Anhänger oder Kette getragen, lindert er Lungenprobleme und Erkältungen und kräftigt die Schilddrüse.

Seelisch-geistig: Der Rutilquarz beruhigt unser Gemüt und führt uns vor, wie sich Gegensätze harmonisch verbinden lassen. Er schützt uns auch vor drückenden und aggressiven Energien.

Unter das Kopfkissen gelegt, behütet er unseren Schlaf und wir erleben klare, aufschlußreiche Träume.

41. Saphir Transparentes Blau und andere Farben.

H: 9
C: Al_2O_3+Ti+Fe
Z: Aluminiumoxid (Tonerde)
F: Hinterindien, Ceylon, Birma, Siam, Vorderindien, Australien, Nordamerika

E: Glaube

Physisch: Spricht man vom Saphir, meint man meistens den blauen (am schönsten als tiefes, sattes Kornblumenblau) Korund, obwohl er in verschiedenen Farben vorkommt.

Er ist ein sogenannter Tagesstein, da er besonders im Sonnenlicht sein schönes, strahlendes Blau zeigt. Seit dem 6. Jahrhundert schmückt er die Kardinalsringe und soll den Verstand klar und das Herz frei von Begierde halten und Harmonie und Gesundheit schenken.

Auch den Saphir gibt es manchmal mit einem strahlenförmigen Stern (Asterismus).

Der blaue Saphir wird eingesetzt bei Geisteskrankheiten, Jähzorn, Augenleiden, Schmerzen, Nervosität und Schlaflosigkeit.

Als Ring getragen vermittelt er starke Heilschwingungen. Allerdings ist der Saphir nicht für jeden Menschen geeignet.

Seelisch-geistig: Der Saphir weckt durch seine Schönheit, innere Tiefe und blaue Strahlen, Gefühle innerer Wandlung und des Glaubens in uns. Er erinnert uns an unsere Lebensaufgabe, hilft bei der Verwirklichung unserer Ideale, dabei mit der göttlichen Macht in Übereinstimmung zu kommen und die Herausforderung des Lebens anzunehmen.

Er stärkt unseren Glauben und bringt so innere Schönheit.

Der Saphir ist ein guter Meditationsstein.

42. Schneeflockenobsidian Schwarz glänzend mit weißen, flokkenartigen Einschlüssen; undurchsichtig.

H: 5 – 5,5
Z: glasiges Vulkangestein
F: Mexiko, USA, Asien

E: Standfestigkeit

Physisch: Der Obsidian ist ein durchscheinender bis opaker Stein von grüner, brauner, blauer oder schwarzer Färbung. Zuweilen ist er undurchsichtig schwarz mit hellgrauen bis weißen Flecken, man nennt ihn dann Schneeflockenobsidian.

Seine schwarze Dichte vermittelt eine kompakte, schwere Energie. Er ist der absolute Gegenpol zum weißen Licht und von außerordentlicher Kraft.

Der Obsidian wird zu den Steinen des neuen Zeitalters gerechnet, obwohl er wegen seiner Beschaffenheit bereits in älteren Kulturen als Schneidwerkzeug und Opfermesser benutzt wurde. Er ist ein Stein der Erde, der uns Standfestigkeit und Erdverbundenheit lehrt, der uns mit seiner kraftvollen Schwingung auf den Boden der Tatsachen bringt.

Wer die hohe Potenz dieses Steines nicht kennt, sollte ihn nicht bei sich tragen und auch nicht den Rohstein als Andenken von einer Lavainsel mitnehmen, um ihn zuhause aufzustellen. Unkundige würden sich über ihre Unruhe wundern, wenn er als größerer Stein im Wohnbereich seine Kraft entfalten könnte. In solchen Fällen wäre er im Garten zwischen den Pflanzen besser aufbewahrt.

Seelisch-geistig: Wenn wir uns zu großen spirituellen Höhen erheben, hilft uns der Schneeflockenobsidian wieder zurückzufinden. Er konfrontiert uns mit der Wahrheit und zeigt uns unser wahres Inneres, unsere Schattenseiten und bringt die Eigenschaften der Seele in den Körper ein, er wirkt reinigend auf die niedrigen Schwingungsebenen. Er vermag Menschen zu helfen, die sich in Tagträumen verlieren und bringt sie in die Realität zurück.

43. Schwarzer Turmalin (Schörl) Tiefschwarz.

H: 7 – 7,5
C: $NaFe_3^{2+}(Al, Fe^{3+})_6 [(OH)_4/(BO_3)_3/Si_6O_{18}]$
Z: Aluminium-Bor-Silikat
F: Brasilien, USA, Madagaskar, Südafrika, Tansania, Ural, Zillertal (Tirol)

E: Versöhnung

Physisch: Der Turmalin (Singalesisch = Aschenzieher) wird durch Erhitzen oder Reiben elektrisch und zieht dann an beiden Enden des Kristalls Asche, Staub oder kleine Papierschnitzel an. Der schwarze Turmalin kommt manchmal sogar in Kristallen bis zu 25 Meter Länge vor. Den Schörl, wie er auch genannt wird, verwendet man auch zur Behandlung des Verdauungstraktes, dazu wird ein Kristall bei Diarrhöe leicht über die Problemstellen geführt.

Man legt ihn auf die Knie oder Füße, mit der Spitze nach unten, um ungute Schwingungen aus dem Körper zu leiten. Dieser Kristall ist auch ein guter Schutzstein gegen negative Energien.

Seelisch-geistig: Der Turmalin hat eine aufstrebende, nach oben gerichtete Kraft, was man auch an seiner stiftartigen gerippten Kristallform sehen kann. Dadurch gibt er uns Inspiration, Selbstvertrauen, Durchhaltevermögen und Lebensfreude. Er versöhnt die negativen Kräfte in und um uns durch Vermittlung von spiritueller Energie. Und er bringt uns dem spirituellen Bewußtsein näher und bewahrt es auch. Er klärt unsere Gedanken und versöhnt den Geist mit der Materie.

44. Selenit Klare transparente Kristalle.

H: 1,5 – 2
C: $Ca (SO_4)2H_2O$
Z: Gips
F: Tunesien, USA, Mexiko, Marokko

E: Licht

Physisch: Der Selenit sieht in seiner weißen Klarheit dem Bergkristall ähnlich. Seine Fähigkeiten beruhen weniger auf der Wirkung im körperlichen Bereich. So eignet er sich nicht als einzelner Heilstein, sondern man verwendet ihn in Verbindung mit anderen Kristallen.

Seelisch-geistig: Durch den Selenit erfährt unser Bewußtsein eine klare, reine Schwingung und unsere Gehirntätigkeit wird angeregt. Er bringt Licht in unsere Gedanken. Dadurch kann unser Verstand den reinsten Gedankenzustand erreichen, denn er ist ein Stein der geistigen Klarheit.

In der Meditation angewendet, können sich in uns telepathische Fähigkeiten entwickeln. Als Speicherkristall läßt uns der Selenit manchmal geheimnisvolle Informationen zukommen. Einmal auf ihn eingestimmt, leistet er wertvolle Dienste.

45. Smaragd Transparentes Grün.

H: 7 – 7,5
C: 3BeO, Al_2 O_3 $6SiO_2$+Cr
Z: Beryllium-Aluminium-Silikat
F: Kolumbien, Ural, Südafrika, Indien
E: Hoffnung, Entwicklung

Physisch: Der Smaragd gehört zu den Beryllen und galt seit jeher als große Kostbarkeit. Er wird meist in Tafelform geschliffen.

Dieser grüne Beryll hat starke Heilkräfte und wurde und wird daher oft von Ärzten bevorzugt getragen.

Er hilft bei Magendruck, Grippe, Gicht, Rheuma, Kopfschmerzen, Augenproblemen und belebt den Körper.

Er bringt uns die Kräfte der Natur näher und läßt sie uns besser verstehen. Bei körperlicher Verwendung reicht auch ein undurchsichtiger, preiswerter Stein aus.

Smaragdwasser (ein Smaragd über Nacht in klares Wasser gelegt) getrunken, stärkt die Augen, das Herz und belebt unsere Entwicklung. Der Smaragd lindert Diabetes und kann zur Stärkung über die Wirbelsäule (in ca. 5 cm Abstand) geführt werden. Um die Vollmondzeit entwickelt der Smaragd seine stärkste Kraft.

Seelisch-geistig: Seine unvergleichliche, grüne Farbe lehrt uns die Dinge mit mehr Weisheit zu betrachten, die Liebe in unser Wesen zu integrieren und sie bringt uns der Natur näher. Der Smaragd trägt die Hoffnung und Möglichkeit in sich, die Geheimnisse des Lebens zu ergründen.

Die Meditation mit einem klaren Stein fördert die geistige Entwicklung und heilt den feinstofflichen Körper.

46. Sodalith Undurchsichtiges Dunkelblau, Grau und Weiß.

H: 5 – 6
C: $Na_8 [Cl_2/AlSiO_4)_6]$
Z: Natrium-Aluminium-Silikat
F: Brasilien, Kanada, Afrika

E: Selbstvertrauen, Treue

Physisch: Sodalith ist ein opaker, dunkelblauer Stein, zuweilen mit weißlichen, fadenähnlichen Einschlüssen. Obwohl er zu den geistig bezogenen blauen Steinen gehört, ist er der Materie stark verbunden. Durch diese Eigenschaft ist es für uns möglich, Ideale und Ziele zu verwirklichen und Vertrauen in unseren irdischen Alltag zu bringen. Er unterstützt das Selbstvertrauen, verhilft zu Treue und Standfestigkeit.

Seelisch-geistig: Der Sodalith befähigt zu tiefen Gedanken und hilft alte Denkmuster durch neue zu ersetzen. Er bringt den Verstand ins Gleichgewicht, fördert logisches Denken und stabilisiert übersensible Menschen.

47. Sugilit Tiefviolett; undurchsichtig bis transparent.

H: 5,5 – 6,5
C: $(K, Na)(Na, Fe)_2 (Li_2, Fe)(Si_{12} O_{30})$
Z: komplexes Silikat der Milaritgruppe
F: Südafrika

E: Selbstkontrolle

Physisch: Dieser Schmuckstein wurde 1944 in Japan und etwas später in Indien in kleinen Vorkommen entdeckt. 1973 wurde der Sugilit auch in der Wessels-Mine in Südafrika in geringer Menge gefunden.

Erst 1980 stieß man dort zufällig auf eine größere Ader, so daß man diesen Stein auf den Markt bringen konnte. Vor allem in den USA wurde er unter den Namen »Royal Lavulite« und »Royal Azel« bekannt.

Der Sugilit ist ein neuzeitlicher Stein und durch sein seltenes Vorkommen weitgehend unbekannt. Wer von ihm gehört hat, dem ist es oft noch lange nicht vergönnt, ihn zu finden. Andererseits sei gesagt, daß einen dieser Stein ruft, wenn es an der Zeit ist, ihn zu verwenden.

Trotz seiner meist undurchsichtigen Beschaffenheit besticht er durch seine intensive dunkelviolette Farbe. Trägt man einen solchen Stein als Ring am Finger oder als einzelne Perle zwischen anderen Steinen an einer Halskette, fällt er angenehm auf, er hat etwas Suggestives an sich.

Aber auch die helleren Exemplare sind nicht nur interessant, sondern fördern auch den Lymphfluß, wirken reinigend auf unsere Drüsen, auf die Galle und die Leber.

Seelisch-geistig: Abgesehen von seinem intensiven violetten Strahl, der zu hoher Spiritualität führt, lehrt er uns Demut und die Zugehörigkeit zur kosmischen Ganzheit. Er bringt uns ins Lot mit uns selbst, beseitigt Zweifel und führt uns zur Selbstzufriedenheit und Selbstkontrolle.

Sugilit ist ein idealer Stein für sensible Menschen, denn er wird ihnen in jeder Beziehung Schutz geben.

48. Tigerauge Goldgelblich-braunes Wellenmuster; undurchsichtig.

H: 7
C: SiO_2+Fe
Z: Kieselsäure
F: Südafrika, Westaustralien

E: Einheit

Physisch: Dieser dekorative Schmuckstein hat einen wogenden Lichtschimmer. Er zieht die Dinge oder Menschen an, die für unsere Entwicklung wichtig sind. Er beruhigt und harmonisiert unsere Gedanken.

Seelisch-geistig: Er lehrt uns verschiedene Standpunkte zu tolerieren und so die Einheit zu erkennen. Das Tigerauge stärkt unser geistiges Auge und steigert so unsere Konzentrationsfähigkeit, läßt uns aber auch offen gegenüber unserer Umgebung bleiben und macht uns anpassungsfähig.

49. Topas (Edeltopas goldfarben) Transparentes Goldgelb.

H: 8
C: $Al_2 (F_2/SiO_4)$
Z: Tonerdesilikat
F: Brasilien, Ceylon, Ural

E: Entzücken

Physisch: Der goldgelbe Edeltopas ist ein Stein mit sonnengleicher, leichter Schwingung. Es gibt eine Reihe von Steinen, die Topase genannt werden, aber wenn es sich um den »echten« Goldtopas handelt, ist er hellgoldgelb bis goldfarben.

Er gibt dem Herzen Kraft, beseitigt Kopfschmerzen bei Überspannung, fördert die Verdauung und wirkt heilsam auf die Wirbelsäule.

Ähnlich wie Zitrin hilft er bei Depressionen und Schlaflosigkeit. Im letzteren Falle ist es ratsam, einen gelben Edeltopas unter das Kopfkissen zu legen.

Seelisch-geistig: Seine goldfarbenen Strahlen bringen mehr Licht, Freude und sonnige Gedanken in unser Leben. Er inspiriert zum höheren Denken, beflügelt die Seele und stärkt die Konzentration.

50. Türkis Himmelblau bis blaugrün; durchscheinend bis opak.

H: 5 – 6
C: $Cu\ Al_6 [(OH)_8 (PO_4)_4]\ 4H_2O$
Z: Tonerdephosphat
F: Vorderasien, Indien, China, Nordamerika

E: Schönheit

Physisch: Heute wird der schwarz gezeichnete, blaue Türkis dem einheitlich gefärbten Stein vorgezogen. Da er sehr empfindlich und weich ist, sollten Türkisringe beim Händewaschen abgenommen werden. Dieses Mineral verfärbt sich durch Schock oder Krankheit des Trägers. Der Türkis ist ein ausgezeichneter Schutzstein, der sich manchmal sogar für seinen Besitzer »opfert« und zerspringt.

Das kupferhaltige Mineral hat gute Heilungseigenschaften und wird zur Stärkung des Herzens, der Lunge, der Kehle und der Augen eingesetzt.

Seelisch-geistig: Das strahlende Blau bis Blaugrün bietet uns Schutz und lehrt uns Schönheit zu erkennen und in unser Wesen zu integrieren.

Dieses Symbol des Meeres schenkt uns Reinheit in den Gedanken und führt uns so zur Weisheit.

Der Türkis fördert die Kreativität, das Vorstellungsvermögen und das Naturverständnis.

Ein Stein, der erschwinglich, aber sehr wertvoll ist.

51. Zirkon Verschiedene Farben, meist transparentes Weiß.

H: 7,5
C: $ZrSiO_4$
Z: Zirkonerdesilikat
F: Hinterindien, Siam, Ceylon, Australien

E: Heilung

Physisch: Der Zirkon hat nach dem Diamanten die höchste Lichtbrechung von allen Edelsteinen und daher ein schönes Feuer. Der Diamant hat eine einfache und der Zirkon eine doppelte Lichtbrechung. Farblos wird er oft im Brillantschliff gearbeitet und als Ersatz für Diamanten verkauft. Er ist jedoch nicht so hart wie dieser und sehr spröde; dadurch werden seine Kanten leichter abgestoßen; außerdem ist er sehr druckempfindlich.

Der Zirkon kann bei Lungenkrankheiten und Allergien Linderung bringen. Dazu sollte er als Anhänger im Herzbereich oder als Ring getragen werden.

Seelisch-geistig: Der Zirkon trägt dazu bei, den Geist zu beruhigen, indem er Frieden und Harmonie ausstrahlt. Wenn wir uns in seine Schönheit und Lichtkraft vertiefen, bekommen wir mehr Aufschluß über unser eigenes Handeln und Denken und entdecken verdrängte Eigenschaften, wie Zartheit und die Fähigkeit zuhören zu können.

So fördert er die Heilung des Körpers, indem er der Seele Harmonie bringt.

52. Zitrin Goldfarben, gelb bis dunkelbraun transparent.

H: 7
C: SiO_2
Z: Kieselsäure
F: Madagaskar, Brasilien, Spanien, Großbritannien

E: Zärtlichkeit

Physisch: Zitrin zeigt sich uns in allen Varianten der Gold- bis Brauntönung. Daher wird er auch oft als Goldtopas ausgegeben.

Der Zitrin regt mit seinen goldenen Lichtreflexen den gesamten physischen Körper an, wirkt lebensspendend und durchflutet uns mit positiver, sonnenähnlicher Energie. Er tut Dienste bei schlechter Verdauung, Verstopfung und bei Infektionen der Nieren und der Blase. Er stärkt sowohl den physischen, als auch den feinstofflichen Körper und fördert so unsere Gesundheit.

Seelisch-geistig: Bemerkenswert ist die günstige Beeinflussung des Zitrins bei Diabetes und Depressionen, denn sein goldenes Licht bringt Zärtlichkeit in unser Kraftzentrum (Solarplexus) und läßt die »Süße des Lebens« spüren. Eigenschaften also, die bei beiden Krankheiten auf diesen Mangel zurückzuführen sind.

Tragen empfindsame und leicht verwundbare Menschen diesen Stein am Körper, wird er ihnen eine schützende Hülle vermitteln und ein Gefühl des Vertrauens und der Sicherheit vermitteln.

Der Zitrin soll besonders geeignet sein, irdische Ziele zu erreichen, z.B. bei der Ausbildung, bei Prüfungen und im Geschäftsleben. Er ist eine kraftspendende Hilfe im täglichen Leben.

Organische Beschwerden

Das nachstehende Verzeichnis gibt eine Übersicht der anzuwendenden Steine bei entsprechenden Beschwerden. Näheres vermitteln die Beschreibungen der einzelnen Steine.

Alpträume	–	*Karneol, Bergkristall, Rutilquarz*
Allergie	–	*Zirkon*
Anämie	–	*Koralle, Granat, Hämatit*
Ängste	–	*Zitrin, Chrysokoll, Amethyst*
Arthritis	–	*Granat*
Asthma	–	*Bernstein, Chrysoberyll, Katzenauge, Tigerauge, Malachit, Saphir*
Atemwege	–	*Türkis*
Auge (tränend)	–	*Onyx, Achat*
Augeninfektion	–	*Malachit, Smaragd, Türkis*
Augenleiden	–	*Achat, Aquamarin, Bergkristall, Bernstein, Rhodochrosit, Rubin, Saphir*
Ausschläge	–	*Lapislazuli*
Auszehrung	–	*Mondstein*
Bauchschmerzen	–	*Chrysoberyll*
Bauchspeicheldrüse	–	*Amethyst, Onyx*
Beruhigung	–	*Peridot*
Blase	–	*Jaspis, Jade, Koralle, Heliotrop, Zitrin*
Blutdruck (aktivierend)	–	*Rubin*
Blutdruck (normalisierend)	–	*grüner Turmalin, Smaragd*
Blutdruck (senkend)	–	*Saphir, Lapislazuli*
Blutkrankheit	–	*Amethyst*
Blutreinigung	–	*Amethyst, Jade, Magnetit*
Blutsturz	–	*Chrysopras*
Blutung	–	*Hämatit, Chrysopras, Bergkristall, Chalzedon, Saphir*
Blutvergiftung	–	*Karneol*
Böser Blick	–	*Türkis, Bernstein, Karneol, Katzenauge, Tigerauge, Falkenauge*
Brandwunden	–	*Amethyst*
Bronchitis	–	*Rutilquarz, Pyrit*
Bruch	–	*Magnetit*
Darmentzündung	–	*Peridot*
Darmkrampf	–	*Katzenauge*
Delirium	–	*Saphir indigo*
Depressionen	–	*Lapislazuli, Granat, Chalzedon, Zitrin, rosa Koralle*
Diabetes	–	*Zitrin*

Diarrhöe	–	*Bergkristall, schwarzer Turmalin*
Drüsen (geschwollene)	–	*Aquamarin*
Drüsen	–	*Chrysopras, Bernstein, Aquamarin*
Durchblutungsstörungen	–	*Heliotrop, Kunzit*
Eiterung	–	*Onyx*
Erkältung	–	*grüner Turmalin, Rutilquarz*
Entbindung	–	*Jade, Chrysopras, Heliotrop, Achat, Hyazinth*
Entgiftung	–	*Heliotrop, Kunzit*
Entzündung	–	*grüner Turmalin, Lapislazuli*
Epilepsie	–	*Achat, Jaspis, grüner Turmalin*
Fallsucht	–	*Turmalin*
Farbenblindheit	–	*Amethyst*
Fehlgeburt (verhindern)	–	*Rubin*
Fieber	–	*Achat, Bernstein, Karneol, Rubin*
Fiebersenkend	–	*Lapislazuli, Saphir, Chrysokoll*
Galle	–	*Jaspis, Bernstein, Sugilit*
Gedächtnis	–	*Smaragd*
Gehör	–	*Onyx*
Geistige Störungen	–	*Saphir indigo*
Geruchsinn	–	*Jaspis*
Geschlechtstrieb (Stimulierung)	–	*Granat*
Geschlechtskrankheiten	–	*Amethyst*
Geschlechtsorgane (Erkrankungen)	–	*Granat*
Geschmacksinn (wecken)	–	*Goldtopas*
Gicht	–	*Rubin*
Grippe	–	*Jade, Smaragd, grüner Turmalin*
Haar	–	*Onyx, Lapislazuli, Aventurin, Achat*
Hämorrhoiden	–	*Heliotrop, Topas*
Halsschmerzen	–	*Aquamarin, Bernstein, Chalzedon*
Harnsperre	–	*Bernstein*
Hautausschlag	–	*Bergkristall, Aquamarin, Aventurin*
Hautreinigend	–	*Zitrin*
Herz	–	*Aventurin, Chrysopras, Granat, Achat, Onyx, Beryll, Chrysolit*
Herzberuhigung	–	*Rhodocrosit, Chrysokoll*
Herzklopfen	–	*Topas (blau)*
Herzkräftigung	–	*Goldtopas, Rubelith, Chrysopras, Türkis*
Hormonelles Gleichgewicht	–	*Mondstein*
Hormondrüsen	–	*Bernstein*
Hysterie	–	*Amethyst*

Infektionen	–	*Bernstein, Karneol, Amethyst, Sardonyx*
Jähzorn	–	*Chalzedon, Saphir*
Kalziummangel	–	*Perle*
Kehle	–	*Aquamarin, Beryll, Lapislazuli, Saphir, Türkis*
Keuchhusten	–	*Koralle*
Kolik	–	*Koralle*
Konzentration	–	*Azurit, Fluorit, Tigerauge*
Kopfschmerzen	–	*Grünklarer Turmalin, Lapislazuli, Amethyst, Smaragd*
Kopfschmerzen (nervös)	–	*Topas (blau)*
Knochenbrüche	–	*Magnetit*
Krämpfe	–	*Bergkristall, Karneol, Rubin*
Krämpfe (Waden)	–	*Hämatit*
Krampfadern	–	*Topas*
Krebsvorbeugung	–	*Wassermelonenturmalin, grüner Turmalin*
Kreislauf	–	*Granat*
Kropf	–	*Bernstein*
Leber	–	*Topas, Jaspis, Beryll, Aquamarin, Bernstein, Sugilit, Heliotrop*
Lethargie	–	*Koralle*
Lungen	–	*Türkis, Rhodonit, Rutilquarz, Zirkon*
Lungenentzündung	–	*Magnetit*
Luftwege	–	*Pyrit, Rutilquarz*
Lymphreinigung	–	*Mondstein, Sugilit*
Magen	–	*Beryll, Heliotrop, Jaspis, Aquamarin, Olivin, Smaragd*
Malaria	–	*Bernstein*
Mandelentzündung	–	*Bernstein*
Mangelernährung	–	*Koralle*
Melancholie	–	*Peridot, Saphir indigo*
Menstruationsbeschwerden	–	*Malachit, Koralle, Lapislazuli, Chrysokoll*
Migräne	–	*Jade, Amethyst*
Milz	–	*Azurit, Heliotrop, Malachit*
Mund	–	*Beryll*
Muttermilch (bildend)	–	*Chalzdeon, weißer Serpentin, weißer Achat, Bergkristall*
Nackenschmerzen	–	*Aquamarin*
Nasenbluten	–	*Heliotrop, Saphir*
Nervenschmerzen	–	*Aquamarin, Karneol, Lapislazuli, Magnetit*

Nervensystem (ausgleichend)	–	*Goldtopas, Turmalin, Fluorit, Aventurin, Chalzedon, Chrysokoll*
Nervosität	–	*Turmalin, Topas, Saphir, Chalzedon, Olivin*
Neuralgie	–	*Jade, Amethyst, Aquamarin*
Nieren	–	*Nephrit, Bergkristall, Feueropal, Heliotrop, Tigerauge, Zitrin*
Ohr	–	*Onyx, Bernstein*
Pankreas	–	*Malachit*
Parkinsonsche Krankheit	–	*Fluorit*
Prostata	–	*Achat*
Reinigung	–	*Peridot*
Rheumatismus	–	*Karneol, Malachit, Granat, Jade*
Rückenschmerzen	–	*Magnetit*
Schlaflosigkeit	–	*Amethyst, Topas, Hyazinth, Padparadscha, Saphir, Jade, Rutilquarz, Zitrin*
Schmerzen	–	*Rubin, Sardonyx, Saphir, Amethyst, Bergkristall, Rutilquarz, Malachit*
Schilddrüse	–	*Bergkristall, Rutilquarz*
Schwellungen	–	*Lapislazuli*
Schwindelanfälle	–	*Bergkristall*
Sehvermögen	–	*Smaragd, Beryll, Amethyst, Achat, Koralle, Aquamarin, Obsidian, Chrysolith, Malachit, Magnetit, Aventurin*
Sinnesorgane (Heilung und Kräftigung)	–	*Saphir indigo*
Sonnengeflecht (ausgleichend)	–	*Goldtopas, Bernstein*
Stiche	–	*Lapislazuli*
Stimmbänder	–	*Chalzedon*
Trunksucht	–	*Amethyst, Achat*
Verdauung	–	*Karneol, Feueropal, Goldtopas, Bernstein, Peridot, Chrysokoll, Jade*
Verbrennungen	–	*Chrysokoll*
Vergiftung	–	*Malachit, Achat, Diamant, Hyazinth*
Verletzungen	–	*Karneol*
Verstopfung	–	*Peridot*
Viruserkrankungen	–	*Rubin*
Wassersucht	–	*Amethyst*
Wärmend	–	*Topas*

Wirbelsäule	–	*Goldtopas, Zitrin*
Wunde	–	*Karneol, Chalzedon*
Zahnen	–	*Bernstein*
Zahnschmerzen	–	*Malachit, Aquamarin*
Zellbildung	–	*Magnetit*

Eigenschaften der Edelsteine, wie sie auf den Edelsteinkarten angegeben sind:

Aktivität – *Karneol*
Aufbau – *Granat*
Aufgabe – *Rauchquarz*
Ausgleich – *Chrysokoll*

Befreiung – *grüner Turmalin*
Beruhigung – *Mondstein*

Demut – *Heliotrop*

Ehrlichkeit – *Perle*
Einfachheit – *Kunzit*
Einheit – *Tigerauge*
Entwicklung – *Smaragd*
Entzücken – *Topas*
Erfolg – *Bernstein*
Erleuchtung – *Diamant*
Erneuerung – *Jade*

Freiheit – *Magnetit*
Freude – *rosa Koralle*
Frieden – *Aquamarin*
Frohsinn – *Olivin*
Fülle – *Dioptas*

Geduld – *Aventurin*
Gehorsam – *Fluorit*
Gelassenheit – *Chalzedon*
Geradlinigkeit – *Kunzit*
Glaube – *Saphir*
Güte – *Chrysoberyll*

Harmonie – *Rutilquarz*
Heilung – *Zirkon*
Herausforderung – *Rauchquarz*
Hoffnung – *Smaragd*
Humor – *Feueropal*

Inspiration – *Lapislazuli*

Klarheit – *Chrysopras*
Kraft – *Onyx*

Licht – *Selenit*
Liebe – *Rubin*
Lösung – *Pyrit*

Mitgefühl – *Heliotrop*
Mut – *Hämatit*

Naturliebe – *Moosachat*

Offenheit – *Rhodochrosit*

Reichtum – *Dioptas*
Reinheit – *Bergkristall*
Reinigung – *Mondstein*
Ruhe – *Aventurin*

Sanftmut – *Rosenquarz*
Schönheit – *Türkis*
Schutz – *Achat*
Selbstkontrolle – *Sugilit*
Selbstvertrauen – *Sodalith*
Selbstverwirklichung – *Rhodonit*
Stärke – *Onyx*
Standfestigkeit – *Schneeflockenobsidian*

Treue – *Sodalith*

Umwandlung – *Amethyst*

Verantwortung – *Fluorit*
Versöhnung – *schwarzer Turmalin*
Verständnis – *Malachit*
Vertrauen – *Rosenquarz*

Wahrheit – *Opal*
Weisheit – *Lapislazuli*
Willenskraft – *Jaspis*

Zärtlichkeit – *Zitrin*

Information zu den persönlichen Steinketten

Bitte geben Sie uns Ihr Geburtsdatum an.

Mit einer speziellen Testmethode finden wir die für Sie verträglichen Steine. Das Ergebnis wird im „Steindiagramm“ festgehalten. Diesen Test bekommen Sie zusammen mit der Kette zugeschickt.

Dann stellen wir Ihre Kette intuitiv nach Muster, Farbe und Rhythmus zusammen. Jede Kette ist verschieden und harmoniert mit dem Besteller der Kette. Die beiden Hälften der Kette sind symmetrisch, und wir versuchen immer, auf beiden Seiten jeweils sich entsprechende Steine (in Größe, Form und Farbe) zu verwenden.

Allgemein wirken die Edelsteinketten ausgleichend und ergänzend auf den feinstofflichen Zustand von Körper, Geist und Seele und vervollkommnen die Persönlichkeit. Bei einem Pendeltest durch einen Wünschelrutengänger ergab sich eine Verstärkung der Ausstrahlung (Aura) des Kettenträgers um das Drei- bis Fünffache. Wünschenswerte Talente und Züge in Hinsicht auf das Lebensziel werden verstärkt.

Edelsteine nehmen unsere Energie auf, harmonisieren unsere Schwingungen und geben sie gebündelt an uns zurück. Sie wirken als Katalysatoren.

Natürlich sollten Sie Ihre Kette möglichst oft oder ständig tragen. Achten Sie bitte auch darauf, möglichst bei anderem Schmuck die abträglichen Steine zu meiden. Ob Sie die Kette nachts ablegen, sollten Sie selbst entscheiden, normalerweise empfehle ich es.

Der Preis der Kette richtet sich immer nach den verwendeten Edelsteinen und dem Verschluß (Gold oder Silber). Sie kostet zwischen 200 und 300 DM.

Alle 2 Wochen, bei starker Problembelastung oder Krankheit entsprechend öfters, sollten Sie Ihre Kette reinigen. Legen Sie die Kette für ca. eine halbe Stunde unter fließendes Wasser und danach in die Sonne oder zumindest ins Tageslicht.

Bei starker Belastung, Abnutzung oder Beschädigung können Sie Ihre Kette zur Renovierung und zum Neuaustesten schicken (per Einschreiben). Wenn Ihre Kette beim Tragen unangenehm ist oder drückt,oder wenn sie entzweigegangen ist, haben Sie sich verändert.

Sie haben Ihren Problemen gegenüber eine andere Haltung eingenommen, dies bezieht sich auf Körper, Geist und Seele. Ihre Kette wird dann von uns neu getestet und Ihrem jetzigen Zustand angepaßt, der nächsten Stufe Ihrer Harmonisierung.

Oft werden wir durch die Steine in der Kette klarer mit unseren Problemen konfrontiert, also auch mit unseren Lebensaufgaben, die uns unserem Lebensziel, unserem Lebenssinn, näherbringen. Karmische Aufgaben können wir besser bewältigen.

Jeder Schritt nach vorn bedeutet Selbsterkenntnis, sich selbst anzunehmen. Erst dann können wir alte Gedankenmuster loslassen und unsere Lebensaufgabe annehmen. Haben wir eine neue Stufe der Harmonisierung erreicht, muß die Edelsteinkette erneuert werden.

Einige Steine haben ihre Arbeit geleistet und sind jetzt nicht mehr nötig, weil andere Aufgaben anstehen und dafür andere Steine andere Farben, ein anderer Rhythmus oder Farbverlauf tätig werden müssen.

Insgesamt sei gesagt, je harmonischer ein Mensch ist, desto mehr Edelsteine kann er vertragen.

Bei der Kettenerneuerung bezieht sich der Preis auf die Arbeit und die zu ergänzenden und neuen Steine. Es ist schwieriger, eine verbrauchte Kette zu erneuern, als eine neue anzufertigen. Denn man muß die Steine der alten Kette neu sortieren, die verbrauchten Steine aussortieren, neue Steine auswählen und austesten, den neuen Rhythmus und Farbverlauf bestimmen und die noch brauchbaren Steine mit den neuen kombinieren.

Informationen bei

„AQUAMARINA“-OCEANO
Helmut Hofmann
E-38240 PUNTA DEL HIDALGO
TENERIFFA

Quellenhinweise und Literaturverzeichnis

Bonewitz, Ra, *Der Kosmos der Kristalle,* München, 1987, (Kösel Verlag)

Brusius, Hedy, *Die Magie der Edelsteine,* Genf, 1987, (Ariston Paperback)

Burka, Christa Faye, *Kristallenergien* München, 1987, (Peter Erd Verlag)

Chocron, Daya Sarai, *Heilen mit Edelsteinen,* München, 1987, (Hugendubel Verlag)

Crow, William B., *Die Magie der Edelsteine,* Basel, 1986, (Sphinx Pocket)

Deaver, Korra, *Die Geheimnisse des Bergkristalls,* Haldenwang, 1987, (Schangrila Verlag)

Detlefsen, Thorwald, *Krankheit als Weg,* München, 1986, (Goldmann TB)

Detlefsen, Thorwald, *Schicksal als Chance,* München, 1985, (Goldmann TB)

Els, Gustav, *Handlexikon Schmucksteine, Edelmetalle, Perlen,* Frankfurt a. M., 1973, (Fischer Verlag TB)

Golowin, Sergius, *Edelsteine – Kristallpforten zur Seele,* Freiburg i. Br., 1986, (Verlag H. Bauer KG)

Hertzka, Strehlow, *Die Edelsteinmedizin der hl. Hildegard,* Freiburg i. Br., 1987, (Verlag H. Bauer KG)

Hochleitner, Rupert, *Edelsteine Kompaß,* München, 1986, (Gräfe und Unzer)

Hochleitner, Rupert, *Mineralien und Kristalle,* München, 1986 (Gräfe und Unzer)

Klinger-Raatz, Ursula, *Die Geheimnisse edler Steine,* Haldenwang, 1986, (Edition Schangrila)

Klinger-Raatz, Ursula, *Engel und Edelsteine,* Durach, 1988, (Windpferd Verlagsges. mbH)

Mees, L.F.C., *Lebende Metalle,* Stuttgart, 1983, (J. Ch. Mellinger Verlag GmbH)

Metz, *Antlitz edler Steine,* Stuttgart, 1964, (Chr. Belser Verlag)

Müller, Rainer A., *Edelsteinmedizin im Mittelalter,* München, 1984 (Demeter Verlag)

Raphaell, Katrina, *Wissende Kristalle,* Interlaken, 1986, (Ansata Verlag, Schweiz)

Richardson, W+J., *Die geistigen Heilkräfte der Edelsteine,* Grafing, 1987, (Aquamarin Verlag)

Sherwood, Keith, *Die Kunst spirituellen Heilens,* Freiburg i. Br., 1985, (Verlag H. Bauer KG)

Silbey, Uma, *Heilkraft der Kristalle,* München, 1988, (Verlag Peter Erd)

Steine und Mineralien, Stuttgart und Zürich, 1974, (Delphin Verlag)

Sun, Bear & Wabun, *Das Medizinrad – Eine Astrologie der Erde,* München, 1987, (Goldmann Verlag)

Uyldert, Mellie, *Verborgene Kräfte der Edelsteine,* München, 1986, (Hugendubel Verlag)

Uyldert, Mellie, *Verborgene Kräfte der Metalle,* München 1984, (Hugendubel Verlag)

Passende Meditationskassetten für die Arbeit mit den Edelsteinen:

Campbell, Don G., *Crystal Meditations*

Campbell, Don G., *Rainbows*

Casper, David, *Crystal Waves*

Cooper, Steven, *Crystal Garden*

Ehrlich, Tom, *Crystals*

Genest, Michel, *Crystal Fantasy*

Kitaro, *Silk Road*

Linch, Ray, *The Sky of Mind*

Wells, Phil, *Crystal Dancer*

Wells, Phil, *Crystal Piano*

Wichman, W. – Doucet, S., *Brilliance*

Upper Astral, *Crystal Cave*